ANA CALZÓN DE PAZ
SARA JIMÉNEZ GARCÍA-TIZÓN

FAMILIAS Y DEMENCIA: GUÍA PROFESIONAL DE ADAPTACIÓN A LA RESIDENCIA

EDICIONES UNIVERSIDAD DE NAVARRA, S.A.
PAMPLONA

Serie: Salud

Cupón para la Biblioteca Virtual

Accede a la versión eBook de este título por solo **1,99 €**. Con la compra de este libro puedes utilizar el siguiente cupón para la lectura en *streaming** desde la Biblioteca Virtual. **Sigue estas instrucciones** para visualizar tu libro:

1. Dirígete a la web de la Biblioteca Virtual en **https://ebooks.eunsa.es**.

2. En la web ve a **Iniciar sesión** e introduce tu email y contraseña. Si no estás registrado, deberás completar el proceso en **Registrarse**.

3. Tras registrarte, accede a la página del libro o lee el QR de esta página. Bajo el precio podrás **insertar el código oculto en el siguiente cupón** para activar la promoción.

Despegue para visualizar

Acceso directo al eBook

Canjéalo en ebooks.eunsa.es

*Con acceso a internet desde cualquier navegador.

ISBN 978-84-313-3966-1
DL NA 1437-2024

Fotografía cubierta
Generada por Ideogram AI

Imprime: Podiprint
Printed in Spain – Impreso en España

Índice

Índice de tablas

Índice de figuras

El número de personas mayores de 65 años en nuestro país está aumentando de manera significativa gracias a los adelantos de la medicina y el aumento, en consecuencia, de la esperanza de vida. Esto, sin embargo, incrementa a su vez la probabilidad de dependencia en estas personas y la consecuente necesidad de cuidados de larga duración. En muchas ocasiones es inminente la necesidad de institucionalización de estas personas en un centro residencial.

Uno de los diferentes motivos por los que puede aparecer la dependencia en nuestros mayores y dicha necesidad de cuidados de larga duración es la aparición de una enfermedad neurodegenerativa que cursa con demencia, la cual afecta no solo a la persona enferma, si no también, y en gran medida, al entorno familiar. Los roles de toda la familia cambian cuando aparece la situación de cuidado; a pesar de que dentro de la familia suele ser una única persona la que asume el rol de cuidador principal.

En una mayoría de casos en los que existe una demencia, la institucionalización se hace necesaria por diferentes motivos (por ejemplo, por los síntomas psicológicos y conductuales de las demencias o las alteraciones de comportamiento, por la sobrecarga del cuidador, etc.), convirtiéndose, no obstante, en una de las decisiones más difíciles que han de tomar las familias. La institucionalización se trata de un proceso complicado para ambas partes, tanto para la persona enferma como para sus familiares.

Ante la institucionalización, los cuidadores familiares pasan por diferentes fases y reacciones emocionales, y tienen también diversas necesidades. Por ello, es muy importante facilitar su adaptación durante todo este proceso. No obstante, y a pesar de su importancia, la investigación sobre el mismo es escasa. La mayoría de los estudios y propuestas de intervención se centran en el paciente o enfermo y su adaptación en el centro residencial, no en las familias.

Por este motivo, el objetivo de este libro es compartir una propuesta de intervención dirigida a facilitar la adaptación de los cuidadores ante el proceso de institucionalización de su familiar en una residencia, que pueda servir de guía y/o ayuda para sus profesionales.

El libro se divide en dos partes. En la primera se explica el proceso de institucionalización de un familiar con demencia, exponiendo los factores que influyen en la toma de la decisión, las reacciones emocionales que surgen en los cuidadores familiares y las necesidades que experimentan durante este proceso, así como otros programas de intervención existentes y encontrados hasta la fecha dirigidos a facilitar la adaptación. En la segunda parte, se presenta detalladamente el programa de intervención propuesto, el cual se contempla como un protocolo de actuación en las residencias ante los nuevos ingresos, con actuaciones en sí mismas desde el preingreso de la persona con demencia.

I

Fundamentación teórica

1. El proceso de la institucionalización de un familiar con demencia

1.1. *Factores que influyen en la toma de la decisión*

Como se ha mencionado, la demencia no solo afecta a quienes la padecen, sino que influye en todo el entorno familiar, ya que supone la pérdida de independencia para el normal funcionamiento personal, laboral, familiar y social de la persona enferma, impidiendo el desarrollo de manera autónoma de la misma.

La demencia se trata de un término genérico que hace referencia a diferentes enfermedades neurodegenerativas, en las que se ve afectada la memoria, otras capacidades cognitivas y el comportamiento. Por ello, los cuidadores familiares emplean la mayor parte de su tiempo a la atención de la persona con demencia, enfrentándose a grandes cargas de tiempo, y también a cargas emocionales y financieras, que frecuentemente conducen a problemas de salud mental (Collins y Kishita, 2019). Muchos de ellos tienen importantes necesidades de apoyo social, sanitario y económico (Kirby, et al., 2022; Pothiban et al., 2020).

El cuidador familiar de una persona con demencia se enfrenta a continuos retos y situaciones que requieren de una adaptación constante. O, dicho de otra forma, se enfrenta también a continuos duelos o pérdidas (pérdida de la autonomía de su familiar, de su carácter, de las rutinas o de la vida que desempeñaba, etc.) (Viale et al., 2016). El diagnóstico de este síndrome se presenta en muchas ocasiones para las familias de forma repentina o súbita, sin preparación ni conocimiento previo y tiene tanto un carácter como una duración indefinida.

Así, aunque se sabe que ejercer el rol de cuidador familiar puede ser gratificante y conllevar consecuencias positivas derivadas del cuidado (como la satisfacción por ayudar al familiar, un mayor sentimiento de proximidad, la superación de problemas diarios, una mayor seguridad en uno mismo, aprender a valorar y dar importancia a otros aspectos descuidados por la rutina, descubrir capacidades y habilidades ocultas e, incluso, experimentar un crecimiento personal o en ocasiones una mejora en la relación con la persona cuidada) (IMSERSO, 2006; Zarit, 2012), también supone una gran responsabilidad que puede tener repercusiones físicas, psicológicas y socioeconómicas negativas, poniendo en peligro la salud, bienestar y autocuidado, así como el propio cuidado de la persona mayor (Flores, et al., 2012) y la relación entre ambos. La situación de estrés crónico que experimentan puede generar un impacto a nivel físico, psicológico, social y emocional. Además, esta situación de estrés crónico puede producir irritabilidad, cansancio, entre otras afecciones, lo que suele conllevar una disminución en la calidad de los cuidados e, incluso, en algunos casos, un rechazo hacia la persona cuidada.

Las consecuencias negativas derivadas del cuidado continuado pueden ser una peor salud, depresión, fatiga, agotamiento, soledad y precariedad financiera del cuidador (Collins y Kishita, 2019; Corey y McCurry, 2018; Schulz et al., 2020). En la Tabla 1 se pueden observar los síntomas y repercusiones que a menudo aparecen con la sobrecarga del cuidador. Asimismo, el estrés y la carga del cuidado pueden afectar de manera negativa a la morbilidad y mortalidad de los cuidadores (Han, et al., 2019; Tomomitsu et al., 2014).

Tabla 1. Algunas repercusiones de la sobrecarga del cuidador.

Repercusiones a nivel físico	Repercusiones a nivel psicológico	Repercusiones a nivel social y familiar
Astenia (cansancio). Cefaleas (dolores de cabeza). Malestar general. Afectaciones musculoesqueléticas. Afectaciones osteo-articulares. Afectaciones cardiovasculares. Deterioro del sistema inmune y, en definitiva, patologías somáticas, procesos víricos o dermatológicos.	Hiperfocalización de atención. Bajo estado de ánimo y autoestima. Sentimientos de culpa. Frustración e irritabilidad. Pérdida de control y autonomía. Preocupación y nerviosismo. Dificultad de concentración o de memoria. Reducción o aumento del apetito. Problemas de sueño. Ansiedad (palpitaciones, diarrea, vómitos, sofocos…). Depresión. Reacciones de duelo y temor por poder heredar el síndrome.	Repercusiones a nivel laboral (absentismo, bajo rendimiento, conflictos entre compañeros, mayor probabilidad de perder el empleo, reducción de la jornada laboral, abandono del trabajo). Dificultades a nivel económico. Reducción de la vida social, del ocio y tiempo libre. Aislamiento social y confinamiento al hogar. Problemas legales por toma de decisiones. Conflictos con otros familiares. Conflictos con la persona cuidada.

En la decisión de institucionalizar al familiar con demencia influyen diversos factores, como el tiempo que el familiar lleva ejerciendo el rol de cuidador, las horas diarias dedicadas al cuidado, el nivel de dependencia de la persona con demencia, las alteraciones conductuales o comportamientos problemáticos asociados a la demencia (habitualmente denominados Síntomas Psicológicos y Conductuales de las Demencias (SPCD)) (véase Figura 1), la necesidad de ayuda respecto a las actividades de la vida diaria, las cargas familiares y laborales o las consecuencias negativas que conlleva sobre la salud del cuidador, como la depresión y el bajo bienestar mental del mismo. Dos de los factores más determinantes a la hora de tomar la decisión son los problemas de comportamiento asociados a la demencia y la gravedad del deterioro de la memoria (Han, et al., 2019; López, et al., 2012).

Figura 1. Principales Síntomas Psicológicos y Conductuales de las Demencias (SPCD).

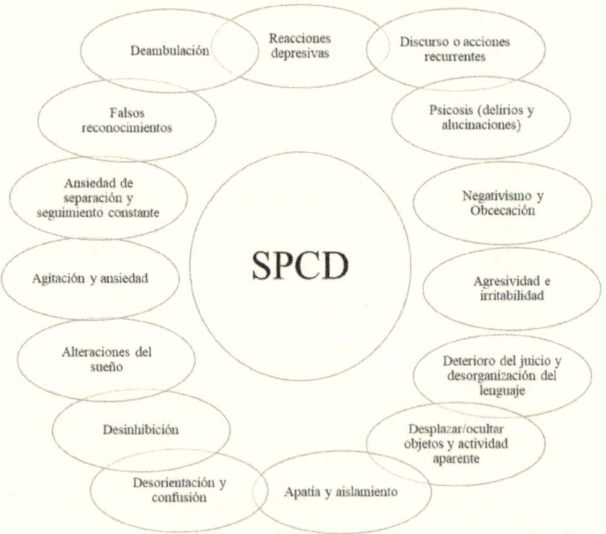

Otro de los factores que toma relevancia en este proceso es el género del cuidador. Así, las mujeres tienden a expresar en menor medida los deseos de institucionalizar al familiar, sienten una mayor presión social que repercute en la sensación de una mayor obligación a continuar con el cuidado a pesar de las consecuencias negativas que este supone, lo que conlleva recurrir a la decisión de institucionalizar únicamente como último recurso. Asimismo, la relación con la persona cuidada también es un factor importante. De esta manera, los cónyuges suelen sentir una fuerte obligación de seguir proporcionando los cuidados necesarios, independientemente de las consecuencias que esto conlleva para su propia salud, vida social, personal y familiar e, incluso, sobre la salud de la propia persona con demencia. En estos casos en los que el cuidador familiar es un cónyuge, hay que tener en cuenta que con el aumento de la esperanza de vida la situación de cuidado puede alargarse durante mucho tiempo y puede provocar la claudicación de dicho cuidador al verse aumentada la necesidad de cuidados y el empeoramiento de su propia salud (López, et al., 2012).

Por tanto, frecuentemente, el familiar termina por pensar que ya no puede seguir cuidando y se plantea la institucionalización como la mejor alternativa. Esta decisión termina por ser el resultado de un largo proceso que implica mucho tiempo, reflexiones, consultas y toma de decisiones, ya que suele ser considerada, como se ha mencionado, el último recurso (López et al., 2012).

Así, la decisión de institucionalización suele posponerse, entre otros motivos, debido a la desconfianza y visión negativa de los centros residenciales, puesto que, de manera tradicional, se ha estado siguiendo un modelo biomédico, mediante el que se veía a la persona institucionalizada como una mera receptora de los cuidados, ejerciendo un papel pasivo. Sin embargo, actualmente, el modelo de atención en los centros residenciales está cambiando hacia el nuevo modelo de cuidado de Atención Centrada en la Persona (ACP), que comentaremos más en detalle en un apartado posterior.

Otro de los motivos por los que suele posponerse la decisión de institucionalización en un centro residencial es la influencia de las creencias culturales respecto a este proceso. Y es que vivimos en una sociedad en la que predomina el familismo, es decir, la creencia de que la familia es más importante que la persona de manera aislada, asumiendo ideas sobre la lealtad en la familia, lo que supone, en situaciones complicadas, sacrificar los intereses personales por el bienestar familiar, si es necesario (López, et al., 2012). Es por esto que socialmente está mejor valorado el cuidado en el domicilio que el ingreso en una residencia. La institucionalización, en muchas ocasiones, es una decisión no aceptada por el entorno, incluso por el más cercano a la familia. Por este motivo, los familiares pueden sentir que las personas de su alrededor juzgan esta decisión y, de esta manera, es probable que se refuercen pensamientos como "estoy abandonando a mi familiar", "debería poder con el cuidado yo solo/a", etc. Este tipo de pensamientos tienden a incrementar las dudas sobre si es la mejor decisión y conllevan diferentes reacciones emocionales que comentaremos en el siguiente apartado.

Esta decisión suele ser más sencilla cuando se lleva a cabo de manera progresiva. Es decir, cuando existe la utilización de otros recursos formales fuera del hogar, como puede ser el servicio de centro de día, en el que la persona cuidada sale del domicilio unas horas, o el servicio de ayuda a domicilio, en el que se incluye la ayuda de otra persona en el cuidado directa o indirectamente. El uso de este tipo de recursos formales facilita considerar la posibilidad de terminar recurriendo a la institucionalización. Esto ayuda a vencer la creencia de que "el familiar lo puede todo" y a comprobar los beneficios de este tipo de servicios, de tal manera que suelen acabar convirtiéndose más en un paso previo que en un recurso de respiro como tal (López, et al.., 2012).

1.2. Reacciones emocionales que surgen en los cuidadores familiares

Tal y como se ha comentado, la decisión de institucionalizar a un familiar es un proceso difícil para toda la familia, resultado de diversas reflexiones y valoraciones acerca de los beneficios e inconvenientes que supondría, convirtiéndose en una de las decisiones más complicadas que tienen que tomar los familiares. Todos estos pensamientos asociados a la decisión de institucionalización, expuestos en el apartado anterior, como las creencias y la visión negativa de los centros residenciales, el familismo, la opinión del entorno, etc., también generan diferentes reacciones emocionales en los cuidadores familiares.

La institucionalización libera una gran carga de los cuidadores, lo que se refleja en sentimientos de alivio a corto plazo (Kiwi, et al., 2018) y en una reducción en los sentimientos de sobrecarga (Bangerter, et al., 2019). Además, las actividades y la satisfacción con las interacciones sociales aumentan (Hähnel, et al., 2022). Por tanto, esto nos llevaría a pensar que el ingreso del familiar enfermo en una residencia mejoraría la salud mental de los cuidadores. Sin embargo, la realidad no nos muestra esto. Y es que algunos cuidadores siguen presentando niveles elevados de angustia emocional, depresión y baja calidad de vida en lo que a la salud se refiere (Jiménez, et al., 2023)

Cuando un familiar ingresa en una residencia, los cuidadores informales se enfrentan a sentimientos de culpa y rabia, a un cambio de rol, a la pérdida de apoyo de un miembro de la familia, al temor a la muerte súbita del familiar, al miedo a una posible reacción de rechazo y enfado, a la preocupación ante la falta de conocimiento sobre el tipo de cuidados empleados desde el centro y a las cargas financieras que supone el ingreso. Además, en los cuidadores aparecen diversos miedos, así como incertidumbre sobre el que va a ser el nuevo hogar de su ser querido. Esta incertidumbre derivada del desconocimiento provoca ansiedad y cierta indefensión. Así, muchos de ellos viven este proceso con emociones y pensamientos negativos por la sensación de abandono del familiar o fracaso en los cuidados, lo cual genera sentimientos de culpabilidad, miedo y vergüenza ante los comentarios de su entorno, preocupación por la desvinculación familiar y por la atención que recibirán en el centro (Corey, et al., 2018).

Muchos de los familiares experimentan, además, sentimientos de dolor y pérdida después de la institucionalización (Hähnel, et al., 2022). Incluso, los sentimientos de pérdida llegan a ser tan significativos que pueden vivirse como un marcador de duelo previo a la muerte (Hanssen y Tran, 2019). Por tanto, la familia se enfrenta a un proceso de duelo, así como a los pensamientos y emociones negativas en torno al mismo.

El duelo es un proceso normal de adaptación a una nueva situación. Se trata de un proceso personal e individualizado sin una duración determinada e influenciado por el entorno sociocultural en el que vivimos (Pascual y Santamaría, 2009). Normalmente, los cuidadores cónyuges son quienes responden peor ante este proceso.

De la misma manera, muchos de ellos experimentan sentimientos de soledad tras la institucionalización. La soledad surge en los cuidadores debido al tiempo limitado para relacionarse socialmente con los demás. Según el estudio de Holton et al. (2023), parece que con la institucionalización la soledad emocional en el cuidador aumenta debido a la marcha del familiar del hogar. Sin embargo, la soledad social por una parte disminuye, debido al incremento de la disponibilidad de tiempo para interaccionar con antiguas relaciones; y por otra parte también aumenta, debido a la falta de compromiso social en torno al cuidado.

Las familias se enfrentan a un proceso de dar sentido a las relaciones, identidades y roles cambiantes relacionados con el cuidado, que conlleva experiencias de duelo, pérdida de identidad, individualidad y propósito (Nathanson y Rogers, 2020). Por tanto, en el proceso de duelo no solo se enfrentan a la pérdida de la persona, sino también a la pérdida de propósito, de sí mismos y de rol (Kirby, et al., 2022), así como a las dificultades para manejar la incertidumbre y la separación (Corey y McCurry, 2018).

Por otro lado, los sentimientos de culpabilidad poseen una gran relevancia dentro del proceso de institucionalización, siendo una de las emociones principales, íntimamente relacionados con la angustia que sufren los cuidadores en este proceso. La culpa prolongada o excesiva se asocia con niveles altos de estrés, síntomas depresivos, ansiedad y carga (Jiménez, et al., 2023).

Estos sentimientos están influidos por el contexto social y las relaciones interpersonales del cuidador. Tienen lugar por diferentes motivos. Uno de ellos son las creencias de responsabilidad por el cuidado, las evaluaciones negativas del desempeño del rol de cuidador y el descuido de sí mismos y sus relaciones sociales (López, et al., 2012).

Además, existe una creencia generalizada de que las personas que deciden institucionalizar a sus familiares prefieren encargar a otros el cuidado de la persona mayor. Es decir, es una decisión socialmente no aceptada, como se ha mencionado ya, por lo que pueden surgir los sentimientos de culpabilidad debido a la no aceptación social de esta acción, incluso en ocasiones por el entorno más próximo.

Tabla 2. Reacciones emocionales comunes que surgen en los cuidadores familiares ante la institucionalización.

Reacciones de los cuidadores ante la institucionalización del familiar
• Sentimientos de culpabilidad y rabia: sensación de abandono y fracaso.
• Sentimientos de dolor y pérdida (de rol y por separación): proceso de duelo.
• Sentimientos de soledad: pérdida de apoyo de un miembro familiar.
• Incertidumbre: falta de conocimiento sobre los cuidados empleados en el centro.
• Miedos: a posible muerte súbita del familiar, reacción de rechazo y enfado, comentarios del entorno.

No obstante, es importante tener en cuenta que la institucionalización no supone el fin del cuidado completo. Tras la misma, la mayoría de los familiares quieren seguir implicados en los cuidados, por lo que supone un cambio en la manera de ejercerlos. El cuidado pasa a ser entonces un trabajo en equipo en el que intervienen tanto los profesionales del centro residencial como los familiares. Esta implicación en la vida de la residencia conlleva un aumento en el bienestar tanto físico como psicológico de la persona institucionalizada y reduce el sentimiento de pérdida, sobrecarga y culpa del familiar (Jiménez, et al., 2023). Además, en el caso de las personas con demencia, la implicación de la familia ayuda en la orientación personal de la persona enferma, así como en su identidad.

1.3. Necesidades de los cuidadores familiares respecto a este proceso

Dado que durante el proceso de institucionalización surgen diferentes reacciones emocionales en los familiares, es importante intervenir sobre ellas con la finalidad de evitar las consecuencias negativas que supone este proceso.

Según Leturia (1999), todas las personas que son institucionalizadas y sus familiares pasan por tres fases diferentes (véase la Figura 2):

1. Preingreso, que empieza cuando la familia se comienza a plantear el ingreso en la institución. En esta fase tiene lugar la incertidumbre ante el cambio, lo cual genera dudas y ansiedad. En esta primera fase es importante que se produzca una visita al centro y se facilite información sobre el recurso para reducir el estrés.

2. Ingreso, momento crucial para la adaptación. Aquí es importante que la persona se sienta bien acogida para reducir la ansiedad.

3. **Periodo de adaptación.** Fase en la que resulta fundamental ayudar a que la persona se sienta parte de la residencia, establezca relaciones con los demás residentes y profesionales, así como la inclusión de las familias en las dinámicas de la institución.

Figura 2. Fases del proceso de institucionalización en el cuidador familiar.

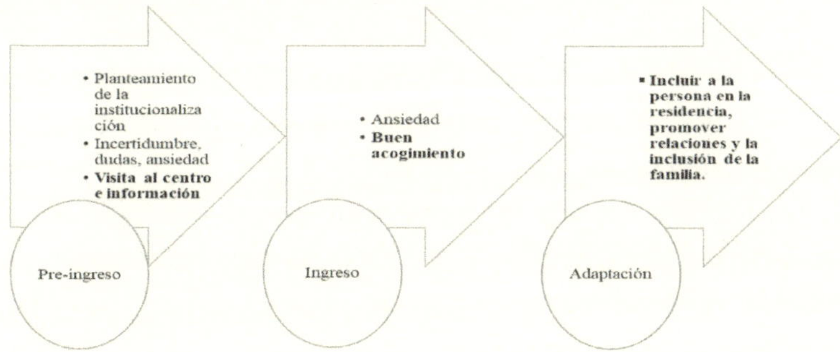

Así, los cuidadores familiares pasan por un proceso de adaptación. Según Groenvynck, et al. (2021), puede dividirse en tres fases (véase la Figura 3):

1. Pretransición, donde se realiza la valoración de la idea de institucionalizar al familiar.

2. Fase media, momento en el que se solicita una plaza en la residencia. En esta fase comienza la preparación para el cambio.

3. Postransición, en la que se produce la adaptación tanto de la persona mayor como del familiar dirigida al ajuste del cuidado dentro del centro.

Figura 3. Fases del proceso de adaptación de los cuidadores a la institucionalización.

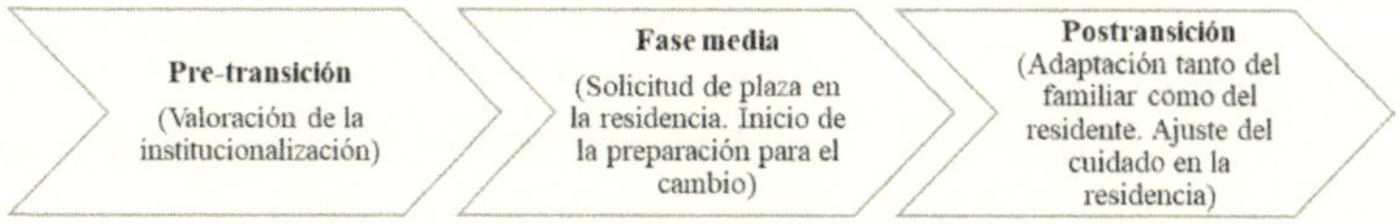

Según el estudio de Kirby et al. (2022), una de las necesidades insatisfechas de los cuidadores que deciden institucionalizar a su familiar con demencia es la falta de apoyo durante la creación de otras identidades "postcuidado". Y es que el apoyo adecuado al familiar durante el proceso de adaptación ante la institucionalización puede reducir el riesgo de aislamiento social entre los cuidadores (Holton, et al., 2023). Los familiares pueden mostrar una mayor resiliencia cuando están bien informados y cuentan con apoyo tanto familiar como extrafamiliar (Han, et al., 2019).

También resulta imprescindible implementar intervenciones para cuidadores familiares de personas mayores institucionalizadas dirigidas a trabajar los sentimientos de culpabilidad con la finalidad de mejorar su bienestar. De la misma forma, resulta necesario crear protocolos para manejar el estrés que experimentan. Por tanto, es fundamental integrar a las familias en los cuidados ofrecidos por el centro residencial (Jiménez, et al., 2023).

Asimismo, resulta imprescindible realizar intervenciones en las que se trabajen de manera integral las experiencias de pérdida y duelo, desarrollo del apoyo social y las relaciones personales, desarrollo de la identidad personal a través del cambio de rol y preparación para futuras transiciones (Kirby, et al., 2022). La continuidad del apoyo durante todo el proceso de institucionalización es esencial para aliviar los temores de los familiares relacionados con la interrupción o cambios en la manera de ejercer los cuidados.

Actualmente, en los centros residenciales, los cuidados y la atención cumplen unos criterios de calidad, sin embargo, a nivel social sigue existiendo una barrera importante, que suele generar sentimientos de culpabilidad y frustración en los familiares que se ven en la necesidad de recurrir a este tipo de recursos. Así, la institucionalización supone una carga emocional en los cuidadores, llena de miedos e incertidumbre. Por ello es esencial que se mantenga una comunicación constante con la familia desde el primer momento, así como hacerla conocedora del funcionamiento del centro. Resulta fundamental la transparencia en cuanto al funcionamiento, atención y cuidados que reciben las personas mayores, tanto en el proceso de adaptación como a lo largo de la estancia en la residencia.

También se ha evidenciado que el hecho de que la residencia sea un entorno que favorezca las necesidades de las personas con demencia, como por ejemplo la deambulación, resultando en un ambiente familiar, hogareño y con un amplio espacio para pasear rodeado de diferentes estímulos ambientales, puede ayudar tanto a la adaptación de la propia persona enferma que ingresa en el centro residencial como a la del cuidador familiar (Brooke, et al., 2019). Es necesario que sea la residencia la que se adapte al estilo de vida de la persona que ingresa, ya que supone un gran cambio para ella al abandonar su hogar, generando una ruptura con su entorno y debilitando su red social.

El nuevo modelo de cuidado empleado en las instituciones, el modelo de Atención Centrada en la Persona (ACP), que mencionábamos anteriormente, subraya la importancia de la calidad de los servicios demandados, otorgando a las personas residentes un papel activo, con mayor autonomía y control sobre sus propias decisiones, con el objetivo de respetar los deseos y preferencias de los individuos que necesitan cuidados (Martínez, 2013), situando, así, en el centro de la intervención a la persona institucionalizada.

Este modelo pretende garantizar unos cuidados en los que los profesionales brindan a cada residente una atención individual y personalizada, respetando sus gustos y preferencias, y teniendo en cuenta su historia y proyecto de vida. De esta forma, se pretende adecuar el espacio y adaptarlo a cada persona para que se sienta como en casa, de la misma manera que se adaptan los cuidados básicos y las intervenciones realizadas en la residencia. Además, otra de las propuestas de este modelo se basa en incluir al familiar en la vida de la residencia, sin horarios y fomentando la comunicación fluida con los profesionales, así como su participación en la atención y el apoyo hacia sus familiares.

Hoy en día, las residencias son centros destinados a atender las necesidades sanitarias, sociales y de cuidados de las personas mayores, con la finalidad de proporcionar una atención integral y de fomentar su desarrollo tanto personal como social, así como de la familia, a través de intervenciones específicas (Jiménez, et al., 2023) (véase la Figura 4).

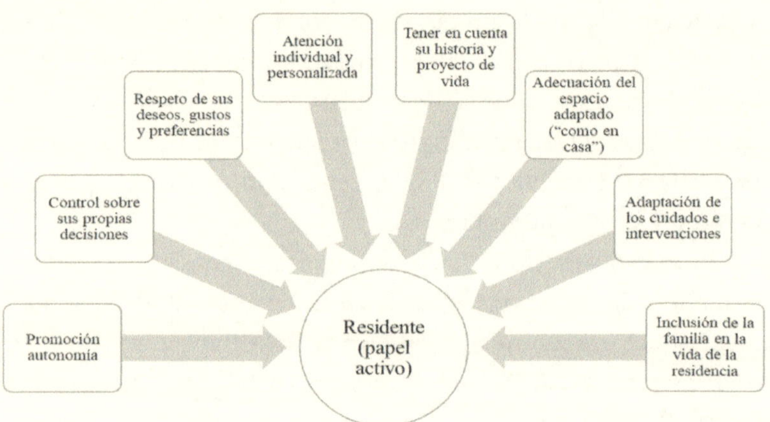

Martínez (2013) expone un Decálogo de la Atención Centrada en la Persona, con diez principios que caracterizan y resumen este enfoque (véase la Tabla 3):

1. *Todas las personas tienen dignidad.* Con independencia de la edad y condición física y mental, deben ser tratadas con el mismo respeto que las demás.

2. *Cada persona es única.* Por ello, la atención personalizada es imprescindible para considerar el propio proyecto vital.

3. *La biografía es la razón esencial de la singularidad.* Es lo que hace única a cada persona, por lo que es el centro del plan de atención.

4. *Las personas tienen derecho a controlar su propia vida.* Son agentes activos y protagonistas de su plan de cuidados. Por ello, debe respetarse y potenciarse su autonomía.

5. *Las personas con grave afectación cognitiva también tienen derecho a ejercer su autonomía.* La autonomía no se entiende como una capacidad única y fija. Es importante identificar oportunidades y apoyos que permitan su actividad. Además, también es un derecho que puede ser ejercido de modo indirecto por otras personas, quienes deciden teniendo siempre en cuenta las preferencias de la persona cuando esta no es competente para tomar decisiones, como sería el caso de los cuidadores familiares de las personas con demencia.

6. *Todas las personas tienen fortalezas y capacidades.* Es importante no prestar atención únicamente a los déficits, sino también a las capacidades y al fortalecimiento de estas.

7. *El ambiente físico influye en el comportamiento y bienestar subjetivo.* Por ello, es importante lograr entornos accesibles, cómodos, seguros y significativos.

8. *La actividad cotidiana tiene gran importancia.* Influye en el bienestar tanto físico como subjetivo. Es importante proponer actividades significativas que además de servir como terapia resulten agradables para la persona.

9. *Las personas son interdependientes.* Los demás son esenciales en el desarrollo del proyecto vital de cada persona, con un papel clave en el ejercicio de la autodeterminación y el logro del bienestar.

10. *Las personas son multidimensionales y están sujetas a cambios.* Es necesario ofrecer atención desde intervenciones integrales, coordinadas y flexibles, ya que en cada persona interactúan aspectos biológicos, así como psicológicos y sociales.

Tabla 3. Principios del Decálogo de la Atención Centrada en la Persona.

1. Todas las personas tienen dignidad.	*6. Todas las personas tienen fortalezas y capacidades.*
2. Cada persona es única.	*7. El ambiente físico influye en el comportamiento y bienestar subjetivo.*
3. La biografía es la razón esencial de la singularidad.	*8. La actividad cotidiana tiene gran importancia.*
4. Las personas tienen derecho a controlar su propia vida.	*9. Las personas son interdependientes.*
5. Las personas con grave afectación cognitiva también tienen derecho a ejercer su autonomía.	*10. Las personas son multidimensionales y están sujetas a cambios.*

Por otro lado, en cuanto a las necesidades específicas de los familiares, es fundamental proporcionar un entorno comunicativo y de apoyo para la díada paciente-familiar (Han, et al., 2019). Así pues, los servicios de apoyo a los familiares durante el proceso de adaptación son fundamentales para mejorar el bienestar y autonomía de los cuidadores familiares. Se necesitan políticas que muestren la importancia de apoyar a los cuidadores que deciden institucionalizar a su familiar en un centro (Kirby, et al., 2022).

2. Otros programas de intervención dirigidos a facilitar la adaptación

Una vez hemos abordado el proceso de institucionalización, las consecuencias emocionales derivadas y la necesidad de trabajar con los familiares durante el proceso de adaptación, se trata ahora de ver qué se ha hecho hasta el momento para intervenir durante dicho proceso con los cuidadores informales.

Tras una breve revisión bibliográfica, se ha comprobado que la mayoría de las intervenciones realizadas hasta el momento se centran en la persona mayor, dejando a un lado a la familia, y siendo muy escasos, en definitiva, los programas centrados en el cuidador. Las experiencias de cuidado tras la institucionalización han recibido poca atención (Larkin y Milne, 2021). Pero, sin embargo, la participación de los familiares en programas de intervención con la finalidad de reducir los sentimientos de culpa y la inclusión en la toma de decisiones en el centro residencial son beneficiosos y necesarios (Jiménez et al., 2023).

Los cuidadores que han tomado la decisión de institucionalizar a su familiar son vulnerables a la desatención sanitaria y social, puesto que las políticas, el apoyo y los derechos se centran en las personas que actualmente se dedican de manera activa al cuidado, empleando la mayor parte de su tiempo en el mismo, dejando de lado a aquellas personas que han cambiado la manera de ejercer los cuidados debido a la institucionalización de su familiar (Larkin y Milne, 2017).

En la investigación de Hähnel, et al., (2022), en la que analizaron las intervenciones dirigidas a reducir los síntomas depresivos de los cuidadores, encontraron un tamaño de efecto grande para la terapia cognitiva conductual (TCC), seguido de un tamaño de efecto medio para las intervenciones de atención plena y un tamaño de efecto pequeño para las intervenciones psicoeducativas. Además, también se han evidenciado los beneficios de la TCC sobre el estrés y la ansiedad de los familiares durante este proceso.

La terapia cognitivo conductual tiene como objetivo identificar y cambiar los pensamientos disfuncionales y desarrollar habilidades para hacer frente a situaciones desafiantes. Estos autores implementaron una intervención de TCC telefónica dirigida a los cuidadores familiares de personas con demencia que institucionalizaron a su familiar. Los participantes recibieron doce sesiones de 50 minutos durante seis meses, durante las que se trabajaron, principalmente, los siguientes diez aspectos:

1. Análisis de problemas.
2. Psicoeducación.
3. Mejora de las habilidades de resolución de problemas.
4. Cambio de cogniciones disfuncionales.
5. Aumento del uso de apoyo informal y/o profesional en el cuidado.
6. Afrontamiento del duelo, el cambio y la pérdida.
7. Autocuidado y creación de actividades basadas en valores.
8. Estrategias de manejo del estrés y regulación emocional.
9. Evaluación de metas y logros.
10. Planes para el futuro.

Los resultados obtenidos en este estudio reflejaron una mejora en la sintomatología ansiosa y en la sintomatología depresiva de estos participantes. Además, también se observaron beneficios en cuanto a la calidad de vida y salud general de estos familiares.

Por otro lado, Albertia Servicios Sociosanitarios, cuenta con programas similares en varios de sus centros. En el centro residencial de San Sebastián de los Reyes, lo denominan "Cuidarse para poder cuidar". Se trata de un taller de autoayuda, con la finalidad de dotar a los cuidadores familiares de herramientas para manejar las diferentes emociones que surgen durante el proceso de institucionalización. El objetivo último de esta intervención es obtener una visión más realista y menos distorsionada del proceso de institucionalización, trabajando con los familiares durante el proceso de adaptación. En estos grupos se ayuda a concienciar sobre la importancia de aprender a delegar los cuidados y se promueve la superación de los sentimientos de culpabilidad a través de diferentes dinámicas.

Los grupos se basan en la terapia cognitivo conductual dirigida a identificar pensamientos disfuncionales y distorsiones cognitivas, así como a la mejora de la autoestima y de las habilidades comunicativas. Así mismo, se fomentan las relaciones interpersonales a través de la realización de actividades de ocio y tiempo libre, como excursiones.

Por otra parte, se han diseñado e implementado intervenciones basadas en los grupos de ayuda mutua (GAM), los cuales se llevan a cabo con la finalidad de ayudar a los familiares a hacer frente a las situaciones complejas y ampliar su red social creando vínculos con personas que están viviendo una situación similar. Así pues, se trata de encuentros periódicos entre personas entre las que todas comparten una misma situación o problemática. El objetivo principal es dar y recibir apoyo emocional. En estos grupos se comparten preocupaciones, se expresan miedos u otros sentimientos, y se comparten experiencias. Se trata, por tanto, de encuentros donde existe una reciprocidad, puesto que sus miembros escuchan, pero a la vez proporcionan información y apoyo a los demás. Suelen estar moderados por profesionales, pero son intervenciones que "llevan" los propios miembros del grupo, ya que son los que eligen de qué hablar; el profesional únicamente realiza alguna puntualización que sea necesaria o vela porque se respeten los turnos de palabra (IMSERSO, 2007; Losada et al., 2007; Simpson et al., 2017). Se ha constatado que los GAM pueden ayudar a mejorar la comunicación, reducir la ansiedad, fortalecer la autoestima y ampliar las relaciones personales (Chien et al., 2011; Nay et al., 2015; Vargas, 2018).

La Consejería de Bienestar Social del Principado de Asturias (2008), diseñó una guía denominada "La familia contigo: el papel de los familiares en las residencias de personas mayores". Esta guía fue creada con la finalidad de trabajar los sentimientos de culpabilidad de los familiares, para ser aplicada en todas las residencias de dicha Comunidad Autónoma. En este documento se defiende que las familias son una parte esencial del proceso de institucionalización y que se deben abordar las necesidades que surjan desde un enfoque multidisciplinar para ayudar al proceso de adaptación de las familias.

Según esta guía se deben trabajar los sentimientos de culpabilidad, ofreciendo apoyo psicológico. La intervención se divide en dos partes. Por un lado, es necesario brindar apoyo durante el preingreso para intervenir sobre las expectativas en torno al centro residencial, dando información, y reduciendo el estrés. Y, por otro lado, durante el postingreso, se debe brindar apoyo psicológico animando a la expresión de sentimientos y persiguiendo la disminución de la culpa a través de grupos de ayuda mutua.

Según Vargas (2018), este tipo de intervenciones basadas en los GAM ayudan a dotar a los familiares de una serie de habilidades, como la empatía, así como al empoderamiento de la persona a través de la toma de decisiones personales. Además, el sentimiento de pertenencia a un grupo formado por personas que están viviendo situaciones similares genera identidad a nivel social. Por otro lado, la expresión de los sentimientos de culpabilidad derivados de la institucionalización ayuda a reducirlos o, incluso, a eliminarlos.

II

Propuesta de un programa de intervención

1. Justificación del programa

En los últimos años ha tenido lugar un notable incremento en el número de personas mayores de 65 años, debido a un aumento significativo de la esperanza de vida y descenso de la tasa de natalidad. Así, se prevé un futuro panorama demográfico de una sociedad española envejecida, en la que predominan las personas mayores, siendo estas, casi una tercera parte de la población (IMSERSO, 2014; Ministerio de Sanidad, Consumo y Bienestar Social, 2019).

Durante el envejecimiento se producen una serie de cambios en cada persona, tanto fisiológicos, como psicológicos, sociales y funcionales. Esto puede conllevar a un descenso de las capacidades mentales y físicas, que ocasionan dependencia en la persona y que aumentan, por diferentes motivos, la probabilidad de necesitar cuidados de larga duración, y, por tanto, y a largo plazo la institucionalización en un centro residencial.

Uno de los diferentes motivos por los que puede aparecer la dependencia es la demencia. Según Cacabelos (2001a):

> La demencia debe entenderse como una entidad nosológica caracterizada por la desintegración global de las funciones superiores del sistema nervioso central (SNC). En ella convergen alteraciones cognitivas (memoria, inteligencia general, pensamiento abstracto y operativo, lenguaje, praxis, gnosis), conductuales (psicomotricidad consciente, emociones, conducta relacional, sueño, alimentación, personalidad, carácter) y funcionales (psicomotricidad inconsciente, marcha, capacidad de desenvolvimiento en la vida diaria). (p. 217)

Las personas que padecen demencia acaban necesitando apoyos y cuidados, que, en distintas ocasiones, terminan por hacer necesaria la institucionalización, ya que la demencia interfiere con las actividades cotidianas, impidiendo un adecuado funcionamiento personal, social, laboral y familiar. Además, en torno al 90% de los casos suelen cursar con Síntomas Psicológicos y Conductuales de las Demencias (SPCD) (Fauth y Gibbons, 2014; Saz et al., 2009). Los SPCD son un grupo heterogéneo de reacciones psicológicas, comportamientos y síntomas psiquiátricos que se manifiestan en las personas con demencia (Finkel y Burns, 2000), como por ejemplo la depresión, apatía, agitación, agresividad, delirios, alucinaciones, etc. y que habitualmente se han clasificado en problemas de memoria, comportamientos disruptivos y comportamientos depresivos (Nogales-González et al., 2014; Roth et al., 2003; Teri et al., 1992).

El 33% de las personas institucionalizadas en centros residenciales de nuestro entorno presentan este síndrome (López, et al., 2012). En el 20% de los casos la institucionalización tiene lugar durante el primer año tras el diagnóstico, y en el 50% a los 5 años (Luppa, et al., 2008). Se anticipa que el número de personas con demencia alcance los 65,7 millones en 2030 y aumente a 115,4 millones en 2050 (Han, et al., 2019). Por tanto, se puede prever que el número de personas institucionalizadas también aumentará.

La demencia no solo afecta a quienes la padecen, sino que influye en todo el entorno familiar. Generalmente son las familias las que asumen los cuidados de las personas en situación de dependencia, convirtiéndose, de esta manera, en cuidadores informales. Habitual y concretamente, suele ser un único familiar el que posee el rol del cuidador. A esta persona se la conoce como el cuidador familiar principal, y es aquella que proporciona apoyos y cuidados de manera no remunerada a la persona enferma, existiendo un lazo emocional con la misma (Mateo et al., 2000).

En muchas ocasiones, el cuidado familiar deriva en una situación de sobrecarga, en la que se ve afectada la salud, vida personal, social y económica de la persona cuidadora. Habitualmente, los cuidadores experimentan una notable pérdida de energía, una sensación de cansancio continuo, así como un menor interés por realizar actividades y por tener contacto con personas significativas. También es común la disminución en la atención a otros familiares y la pérdida de los propios autocuidados, la dificultad para concentrarse y un bajo rendimiento generalizado, así como un mayor consumo de cafeína y/o medicamentos, cambios en el apetito (por aumento o disminución del mismo) y en el estado de ánimo (irritabilidad, nerviosismo) y, en definitiva, un aislamiento. Todos estos factores son señales de alarma que tienen lugar debido a la situación de sobrecarga en el cuidador (Carretero et al., 2009; IMERSO, 2010; Wyatt-Brown, 2015).

Por ende, la institucionalización se hace necesaria por diferentes motivos, relacionados tanto con la propia persona con demencia, como con sus familiares, siendo un proceso complicado para ambas partes.

Aunque existe mucha literatura en relación al proceso de adaptación de la persona mayor con demencia ante el ingreso en un centro residencial, existe muy poca sobre cómo es este proceso para la familia. A la vez que, la mayoría de las intervenciones para favorecer el proceso de institucionalización se centran en el enfermo, dejando a un lado al familiar.

Favorecer la adaptación del cuidador ante la institucionalización de su familiar es esencial. Los cuidadores familiares también tienen diferentes necesidades a lo largo de este proceso, pasan por diferentes fases y reacciones emocionales. Teniendo, en definitiva, también distintas necesidades. En esta situación se hace imprescindible la redefinición y adaptación a nuevas funciones y responsabilidades. Ellos no dejan de ser cuidadores; no dejan de cuidar, sino que cambia la forma en la que lo hacen. Pasan de ser cuidadores a post cuidadores por institucionalización, por lo que surgen en ellos diferentes reacciones, como, por ejemplo, sentimientos de culpa y pérdida o, incluso, la experimentación de un duelo asociado al cambio de sus roles. Su adaptación, por tanto, también es necesaria; y resulta fundamental acompañarles y facilitarles ese proceso para que se desarrolle de manera óptima y ayude a reducir los síntomas y reacciones derivadas de la institucionalización.

2. Objetivos

El objetivo general de esta propuesta o guía de intervención es facilitar la adaptación de los cuidadores ante el proceso de institucionalización de su familiar en una residencia, disminuyendo los niveles de sobrecarga.

A partir de este objetivo se plantean los siguientes específicos:

1. Disminuir/ paliar los pensamientos disfuncionales de los familiares en torno a la institucionalización.
2. Incrementar el apoyo social.
3. Disminuir los niveles de sintomatología depresiva.
4. Disminuir los niveles de sintomatología ansiosa.

5. Promover la realización y agrado de actividades gratificantes.

6. Fomentar la asertividad.

3. Contenidos del programa

Esta propuesta se propone más como un protocolo de actuación en las residencias ante todos los nuevos ingresos que como un simple programa de intervención. Se contempla como fundamental comenzar a trabajar desde el inicio, incluso antes de que tenga lugar la institucionalización, esto es, en el preingreso; y que las intervenciones dirigidas a los familiares se mantengan durante toda la estancia en la residencia (véase la Figura 5). Así, en el preingreso, cuando una persona se ponga en contacto con la residencia, se propone llevar a cabo diferentes pasos:

1. En primer lugar, se dará toda la información necesaria sobre los servicios, el funcionamiento del centro, así como la forma de trabajar (siguiendo el modelo ACP, explicado en la fundamentación teórica).

2. En segundo lugar, se establecerá una cita presencial para visitar las instalaciones, resolver las dudas, escuchar las posibles propuestas y ofrecer acompañamiento, apoyo, empatía y escucha activa sobre las necesidades tanto del familiar como de la persona que va a ingresar en el centro.

Tras esto, se acordará una cita para realizar una valoración inicial, cuando la decisión de ingreso esté tomada. Así, además de la valoración cognitiva, funcional, emocional y conductual del paciente, y de sus gustos y preferencias, en la parte familiar se valorarán los criterios de inclusión/exclusión de esta propuesta.

Los criterios de inclusión propuestos son los siguientes:

- Ser el cuidador principal familiar de una persona con demencia.
- Haber estado implicado en el cuidado del familiar durante al menos 3 meses antes de su institucionalización.
- Que el familiar lleve institucionalizado en el centro residencial un mes o menos.

Los criterios de exclusión, por ende, serían los siguientes:

- No ser el cuidador principal familiar de una persona con demencia.
- No haber estado implicado en el cuidado del familiar durante 3 meses o más antes de su institucionalización.
- Que el familiar lleve institucionalizado en el centro más de un mes.

Una vez se haya producido la institucionalización, y sin que haya transcurrido de manera recomendable un mes, se llevará a cabo el programa de intervención propuesto y dirigido a facilitar la adaptación de los familiares, en este caso de manera grupal, a la vez que se trabajará de manera paralela con el paciente en sesiones de estimulación cognitiva, física y funcional, teniendo también en cuenta la parte social, emocional y conductual.

Se plantea un formato grupal, puesto que uno de los objetivos principales es promover el apoyo social, de manera que esto permitirá crear vínculos entre los participantes. Además, es una forma de poder realizar una intervención a más personas en poco tiempo, es decir, de optimizar el tiempo y aumentar la eficiencia del programa. Así mismo, se establece un número máximo recomendable de 15 personas para que el grupo pueda ser manejable y se beneficien todos ellos mediante la participación de cada uno de sus miembros.

El programa constaría de 10 sesiones, cuyos contenidos se pueden observar en la Tabla 4. Cada una de las sesiones tendría la siguiente estructura:

1. Repaso de la tarea para casa.
2. Abordaje de los contenidos teóricos.
3. Puesta en práctica de los contenidos teóricos mediante ejercicios en la sesión.
4. Asignación de la tarea para casa.
5. Obtención de *feedback* de la sesión y resolución de dudas.

Se propone una frecuencia semanal y una duración de 2 horas para cada una de las sesiones, impartidas por un/a psicólogo/a (profesional de la residencia). La intervención tendría, por tanto, una duración aproximada de dos meses y medio. Además, se realizará una sesión más breve de seguimiento (de una hora, aproximadamente) 6 meses después de finalizar el programa de intervención propuesto.

Tabla 4. Contenidos de la propuesta del programa de intervención.

Sesión 1	Visión realista sobre los centros residenciales.
Sesión 2	Vínculos sociales.
Sesión 3	Apoyo emocional por parte de los familiares participantes.
Sesión 4	Pensamientos disfuncionales y sentimientos de culpa I.
Sesión 5	Pensamientos disfuncionales y sentimientos de culpa II.
Sesión 6	Asertividad.
Sesión 7	Técnicas de relajación.
Sesión 8	Creación de nuevas identidades debido al cambio de rol.
Sesión 9	Actividades para aumentar la implicación en el cuidado y tiempo de calidad.
Sesión 10	Cierre del programa.

A su vez, las sesiones perseguirían los siguientes objetivos indirectos (véase la Tabla 5): fomentar una visión más realista y positiva de los centros residenciales, educar sobre la importancia de la red social y reforzar los vínculos sociales ya existentes, promover el apoyo social entre los familiares, disminuir los sentimientos de culpabilidad, dotar de estrategias de manejo de estrés y técnicas de relajación, facilitar y apoyar la creación de nuevas identidades y facilitar la implicación en el cuidado de sus familiares y el tiempo de calidad con ellos.

Tabla 5. Objetivos que persiguen cada una de las sesiones de intervención.

Sesión	Objetivo
1	Fomentar una visión más realista y positiva de los centros residenciales.
2	Educar sobre la importancia de la red social y reforzar los vínculos sociales ya existentes.
3	Promover el apoyo social entre los familiares a través de la creación de nuevos vínculos y obtención de apoyo emocional de personas en una situación similar.
4	Aprender a identificar y cambiar los pensamientos disfuncionales de los familiares en torno a la institucionalización y disminuir los sentimientos de culpabilidad.
5	Aprender a identificar y cambiar los pensamientos disfuncionales de los familiares en torno a la institucionalización y disminuir los sentimientos de culpabilidad.
6	Fomentar la asertividad.
7	Dotar de estrategias de manejo del estrés y técnicas de relajación.
8	Facilitar y apoyar la creación de nuevas identidades debido al cambio de roles.
9	Facilitar la implicación de los cuidadores en el cuidado de sus familiares y el tiempo de calidad.
10	Cerrar el programa de intervención.

Tras finalizar las sesiones, se continuarían realizando intervenciones grupales a través de la participación en grupos de ayuda mutua, abiertos a todos los familiares de las personas residentes, independientemente del tiempo que lleven en este recurso, con un número máximo de 15 participantes por grupo. Estos tendrían una frecuencia quincenal de una hora de duración cada sesión. La incorporación a estos grupos podría producirse una semana después de finalizar el programa. Asimismo, se ofrecería la posibilidad de recibir intervenciones individuales siempre que fuese necesario o así lo requiriera la familia.

Por supuesto, la participación en estas intervenciones será voluntaria. Independientemente de la decisión de cada persona, se mantendrá el contacto con las familias para referir la información referente a la evolución de la persona mayor, en todos los aspectos, tanto sanitario, como social, cognitivo, emocional, etc., así como para resolver dudas y asesoramiento a demanda.

Por otro lado, para facilitar la implicación en el cuidado de los familiares, así como el tiempo de calidad con las personas mayores, se propondría realizar dos actividades al mes, una de ellas dirigida al cuidado, como sería participar en la hora de las meriendas, y otra más destinada al ocio, como la realización de talleres conjuntos, lo cual supone también el beneficio de la estimulación para la persona con demencia. Siguiendo el modelo de la ACP, las actividades se plantearían en función de los gustos y preferencias de las personas institucionalizadas y se fomentaría, así, la inclusión de la familia en la vida de la residencia, la cual es una parte fundamental en todo este proceso. Además, no se establecería un horario de visitas para los familiares, sino que estos podrían pasar el tiempo que considerasen con las personas institucionalizadas siempre que lo deseasen.

Figura 5. Protocolo de actuación ante todos los nuevos ingresos, desde el preingreso y durante toda la estancia en el centro.

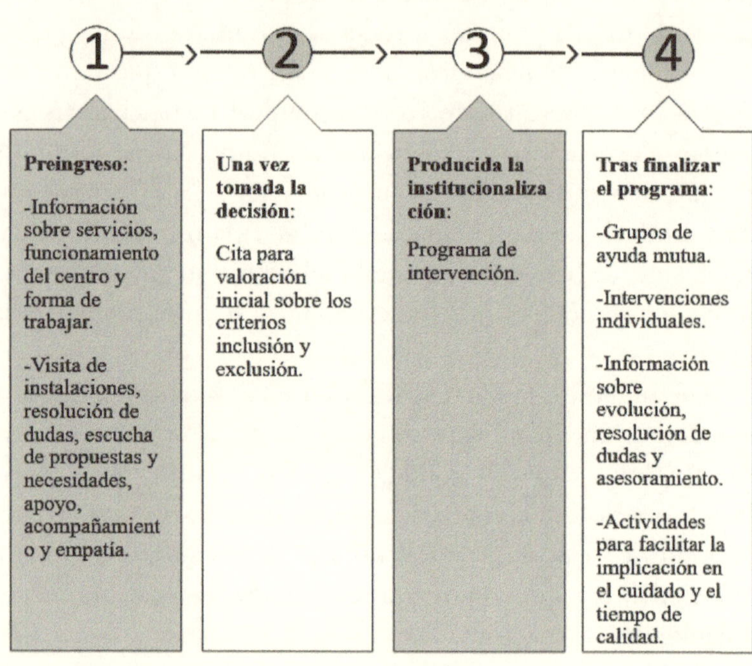

4. Descripción de las sesiones

Sesión 1. *¿Cómo son realmente las residencias?*

Objetivo de la sesión

Fomentar una visión más positiva y realista de los centros residenciales.

Contenidos

1. Presentación del psicólogo/a y explicación de la intervención, sus objetivos y programación.

2. Puesta en común de las expectativas que tienen de la residencia y la visión sobre el centro y la institucionalización.

3. Dinámica de presentación de los familiares para romper el hielo y crear un clima de confianza.

4. Psicoeducación sobre el Modelo de Atención Centrada en la persona.

5. Tarea para casa: decoración de la habitación de manera conjunta.

6. Obtención de feedback sobre la sesión.

Procedimiento

Para comenzar, en los primeros 20 minutos se realizará la presentación del psicólogo/a, así como de la intervención que se va a llevar a cabo. Para ello, se expondrá una breve presentación de Power Point en la que se explicarán los objetivos, la duración total del programa y de cada sesión y el cronograma propuesto, pidiendo *feedback* sobre lo comentado y sugerencias sobre lo que les gustaría aprender, así como sobre las expectativas que tienen en relación al programa.

Posteriormente, en los siguientes 15 minutos, se hablará sobre las expectativas que tienen de la residencia y la visión sobre este y otros centros residenciales en general, poniéndolas en común. Además, se pedirá que comenten sus expectativas sobre su propia implicación en la institución.

Después, se procederá a la presentación de los familiares, los cuales deberán decir su nombre en voz alta al resto de sus compañeros. Además, se llevará a cabo una dinámica para romper el hielo y crear un clima de mayor confianza entre ellos. Así, por parejas, deberán distribuirse por la sala y tener una conversación en la que se pregunten aspectos básicos para conocerse mejor (como el nombre, lugar de residencia, profesión, etc.). Tras unos minutos, todos los miembros vuelven a sus sitios y cada uno de ellos deberá presentar de la manera más detallada posible al compañero con el que han hablado. La dinámica tendrá una duración total de 30 minutos.

Tras esto, se expondrá una presentación Power Point para realizar psicoeducación sobre el Modelo de Atención Centrada en la Persona (explicando qué es, sus principios y su aplicación en la residencia, permitiendo adaptar el espacio personal de cada residente con fotos y objetos personales, así como la implicación de la familia en la vida de la residencia) y un breve vídeo ejemplificativo, con la finalidad de exponer una visión realista del modelo de cuidados seguido en la institución. Se recalcará la finalidad última de este modelo, consistente en favorecer la autonomía de la persona residente, respetando sus decisiones e identidad, garantizando su dignidad y facilitando el acceso a recursos, información y atención profesional tanto a las personas con demencia como a sus familiares, mediante el trabajo común de todo el equipo interdisciplinar teniendo en cuenta tanto la biología como la biografía de la persona que ingresa en la residencia. Además, se resolverán las dudas que puedan surgir respecto a este modelo y el funcionamiento de la residencia. Esto tendrá lugar durante los 35 minutos siguientes, aproximadamente.

Seguidamente, en los siguientes 5 minutos, se propondrá una tarea para casa basada en aplicar y visualizar este modelo en la propia institución. Así, se pedirá que, si lo desean, durante esa semana decoren la habitación de manera conjunta con su familiar, llevando las pertenencias y objetos personales significativos que deseen ambos para que pueda sentirse como en casa (por ejemplo, fotos familiares).

Para finalizar, los últimos 15 minutos se emplearán en pedir *feedback* sobre la sesión y sugerencias de mejora, así como aportaciones sobre lo que esperan de la intervención.

Materiales necesarios

- Ordenador.
- Proyector.
- Power Point de presentación.
- Power Point con la explicación del modelo ACP.
- Vídeo ejemplificativo del modelo.

Sesión 2. *La importancia de sentirnos acompañados*

Objetivo de la sesión

Educar sobre la importancia de la red social y reforzar los vínculos sociales ya existentes.

Contenidos

1. Puesta en común de la tarea para casa.
2. Presentación de la sesión.
3. Dinámica "bastón social" antes y después de la enfermedad.
4. Reflexión y puesta en común sobre cómo la demencia ha afectado a la vida social.
5. Psicoeducación sobre la importancia de la red social.
6. Expresión de emociones.
7. Tarea para casa y feedback de la sesión.

Procedimiento

En los 15 primeros minutos de la sesión, se pondrá en común la experiencia con la tarea para casa encomendada. Se comentará cómo se han sentido durante la semana aplicando el modelo ACP, decorando la habitación de su familiar, así como las sugerencias que desean hacer en relación a la aplicación de este modelo en la institución para acercar la residencia a su hogar, valorando el profesional posteriormente estas sugerencias de cara a implementarlas.

Después, se emplearán 5 minutos en presentar esta segunda sesión.

Tras esto, se llevará a cabo una dinámica llamada "bastón social", consistente en anotar en un papel el círculo de amistades que consideran íntimas, aquellas importantes, y las personas consideradas "conocidas", con las que se ha tenido una relación, pero no tan cercana, tanto antes como después de que apareciera la enfermedad. Se dejarán 25 minutos para reflexionar sobre ello y anotarlo (véase el Anexo 1).

Los siguientes 30 minutos se emplearán para reflexionar sobre cómo la demencia ha afectado al círculo social de cada familiar, si se han producido cambios y se pondrá en común.

Posteriormente, se llevará a cabo una breve psicoeducación sobre la importancia de la red y el apoyo social, durante unos 15 minutos, aproximadamente.

Los siguientes 20 minutos de la sesión se dedicarán a la expresión voluntaria de las emociones por parte de los miembros del grupo sobre este aspecto, con la finalidad de compartir experiencias, ofrecer y recibir apoyo emocional por parte de los demás familiares y llevar a cabo una pequeña ventilación emocional en un espacio seguro, acompañados por un profesional y por personas que se encuentran en una situación similar.

Durante los últimos 10 minutos, se explicará la tarea para casa recomendada de esta semana, consistente en reflexionar sobre los motivos que han llevado a esos cambios en la red social y conseguir un mayor acercamiento con alguna de las personas consideradas importantes o incluso íntimas anteriormente y con las que se ha perdido relación a causa de la nueva situación (por ejemplo, llamarle un día por teléfono, proponer quedar para tomar un café, etc.). A lo largo de la semana deberán realizar, al menos, una de estas actividades para conseguir ese acercamiento (véase el Anexo 2).

Por último, en los últimos 5 minutos, se pedirá feedback de la sesión.

Materiales necesarios

- Folios.
- Bolígrafos.
- Hojas para realizar la dinámica "bastón social" (Anexo 1).
- Autorregistro para realizar la tarea para casa (Anexo 2).

Sesión 3. *Hablemos sobre nosotros*

Objetivo de la sesión

Promover el apoyo social entre los familiares a través de la creación de nuevos vínculos y obtención de apoyo emocional de personas en una situación similar.

Contenidos

1. Reflexión y puesta en común de la actividad para casa.
2. Presentación de la sesión.
3. Dinámica por parejas: expresión de emociones.
4. Puesta en común de manera grupal.
5. Reflexión sobre la actividad, cómo se han sentido al hablar de sí mismos, qué les ha producido más incomodidad y qué les ha ayudado a abrirse emocionalmente.
6. Tarea para casa y *feedback* de la sesión.

Procedimiento

Durante los primeros 20 minutos se pondrá en común la puesta en práctica de la actividad realizada en casa (autorregistro del Anexo 2), consistente en aumentar el contacto con una persona importante, con la que se haya reducido el contacto a causa de la situación familiar y se promoverá la expresión acerca de cómo se han sentido llevándola a cabo.

Después, como es habitual, se dedicarán 5 minutos a explicar la sesión.

Seguidamente, se dejarán unos 20 minutos para, por parejas, y una vez roto el hielo y creado un clima de mayor confianza en las dos sesiones anteriores, hablar sobre las emociones de cada persona, las preocupaciones, inquietudes y dudas respecto al proceso de institucionalización que mantienen en este momento.

Después, en los siguientes 30 minutos, aproximadamente, expondrán a sus compañeros esas preocupaciones, intereses, inquietudes y dudas y cómo todo ello les hace sentir.

Durante 15 minutos, se reflexionará sobre la emoción o emociones predominantes en todos ellos. Esto ayudará a que se sientan acompañados emocionalmente, a empatizar y sentirse comprendidos. Además, se resolverán las dudas existentes. También se tratará la identificación de emociones y su compresión y, por ende, la identificación de qué pensamientos están causándolas. Así, se explicará la técnica de las tres columnas, es decir, el patrón Situación- Pensamiento- Emoción, de manera muy superficial. En ello se profundizará en la siguiente sesión. Ahora se tratará de obtener un primer contacto con la finalidad de favorecer el trabajo de los pensamientos disfuncionales en torno a la institucionalización y el centro, la gestión de las emociones y por tanto la culpa en las siguientes sesiones.

Los próximos 20 minutos se emplearán para reflexionar y poner en común cómo les ha hecho sentir esta actividad, si les ha costado expresar sus emociones, si se han sentido bien haciéndolo, qué es lo que les ha producido más incomodidad, qué les ha ayudado a abrirse emocionalmente, etc. Además, se pedirá que piensen qué consecuencias puede traer apoyarse en personas que están pasando por la misma situación a largo plazo, si lo consideran beneficioso.

Posteriormente, se emplearán 10 minutos para explicar la tarea para casa (véase el Anexo 3), consistente en pensar y anotar en un papel alternativas para aumentar la comunicación y relación entre ellos, con los profesionales e, incluso, con los residentes. Estas propuestas se tendrán en cuenta para incluir en las actividades que se realizarán tras terminar la intervención dentro de la residencia (tanto de ocio como de cuidados), promoviendo en ellas el contacto con el personal y otros usuarios (por ejemplo, una merienda para todos compartiendo un rato agradable).

Finalmente en los últimos 5 minutos, se pedirá feedback de la sesión.

Materiales necesarios

- Autorregistro de la tarea para casa de la sesión anterior cumplimentado (Anexo 2).
- Autorregistro para realizar la tarea para casa de esta sesión (Anexo 3).

Sesión 4. ¿Qué son los pensamientos disfuncionales? ¿Qué relación tienen con los sentimientos de culpa?

Objetivo de la sesión

Aprender a identificar y cambiar los pensamientos disfuncionales de los familiares en torno a la institucionalización y disminuir los sentimientos de culpabilidad.

Contenidos

1. Puesta en común de la tarea para casa.
2. Presentación de la sesión.

3. Psicoeducación sobre el modelo ABC y las distorsiones cognitivas existentes.

4. Puesta en práctica del modelo ABC, aprendiendo a distinguir entre situación, pensamiento y emoción.

5. Reflexión individual sobre los pensamientos disfuncionales más recurrentes que generan malestar.

6. Cambio de estos pensamientos por otros más realistas.

7. Reflexión sobre los sentimientos de culpa derivados de estos pensamientos disfuncionales.

8. Tarea para casa y obtención de feedback.

Procedimiento

Durante los primeros 10 minutos, se recogerán los folios de la tarea para casa con las diferentes propuestas de cada participante (Anexo 3 cumplimentado). Las propuestas serán valoradas posteriormente por el/la psicólogo/a. No obstante, se pondrán en común brevemente en la sesión.

En los siguientes 5 minutos, como es habitual, se presentará la sesión.

Después, se hará psicoeducación sobre el modelo ABC y las diferentes distorsiones cognitivas existentes, relacionándolas con pensamientos disfuncionales acerca de la institucionalización.

Este modelo trata de explicar por qué las personas, a pesar de vivir una misma situación, pueden desarrollar respuestas diferentes en función de sus propias creencias. Por ello, se trata de diferenciar las situaciones, los pensamientos y las emociones, siendo conscientes de cómo nuestra forma de pensar determina cómo nos sentimos. Es decir, se explicará que lo que nos provoca las emociones de malestar no son las situaciones como tal, sino los pensamientos que tenemos, las interpretaciones que damos a esa situación. Se tratará de explicar de la manera más sencilla posible, con ayuda de algún ejemplo.

Así, podemos plantear lo siguiente: imagina que una persona se levanta por la mañana, ve que llueve y piensa "qué mal día hace, no debería haberme levantado de la cama", pero otra persona en la misma situación piensa "vaya, llueve, voy a tomarme algo calentito y aprovechar para adelantar trabajo que tengo en el despacho, me vendrá bien", ¿crees que ambas personas sentirán lo mismo después de haber pensado eso? Así mismo, ante la institucionalización puede darse el mismo caso. Dos personas en la misma situación pueden sentir emociones diferentes en función de la interpretación que hagan de la situación. Por ejemplo, se puede plantear la siguiente situación: imagina que un cuidador, cuando toma la decisión de ingresar a su familiar con demencia en una residencia piensa "soy un egoísta, estoy fallando a mi familiar", ¿cómo crees que se sentiría? Imagina que esa misma persona en vez de tener ese pensamiento en ese momento piensa "qué bien, van a ayudarme con el cuidado, aquí podrá recibir la atención que necesita y yo solo no podía darle, además, podrá realizar actividades de estimulación y relacionarse con otras personas residentes, seguro que le vendrá muy bien", ¿cómo crees que se sentiría en este caso?

Para ello, se empleará una presentación Power Point, así como ejemplos de los diferentes posibles pensamientos, dedicando 15 minutos a esta actividad.

Posteriormente, para aclarar la psicoeducación realizada anteriormente, se pondrá en práctica el modelo ABC, aprendiendo, de manera grupal, a diferenciar entre situación, pensamiento y emoción a través de diferentes ejemplos, durante unos 25 minutos, aproximadamente.

Una vez entendido el concepto, se pedirá que cada uno reflexione y anote en un papel los pensamientos disfuncionales más recurrentes que tenga y analice uno de ellos, identificando y diferenciando estos tres componentes (véase el Anexo 4). Para ello se emplearán los 15 minutos siguientes de la sesión.

A continuación, de manera grupal, se ayudará a dar posibilidades para cambiar algunos de esos pensamientos por otros más realistas. Para ello, en los próximos 25 minutos, el/la psicólogo/a educará y pondrá en práctica de manera muy breve los aspectos fundamentales sobre la reestructuración cognitiva, ayudando a reflexionar a los participantes por medio de preguntas.

Los siguientes 15 minutos de la sesión se dedicarán para reflexionar, también de manera grupal, cuántos de estos pensamientos conllevan un sentimiento de culpa. Se realizarán preguntas a los participantes con la finalidad de que reflexionen sobre si esos pensamientos son funcionales, si realmente se ajustan a la realidad, cuánto creen en ese pensamiento, qué pensarían si estuvieran en otra situación y fuera un ser querido el que se encuentra en su lugar, qué le dirían, etc.

Finalmente, en los 10 últimos minutos se pedirá feedback sobre la sesión y se propondrá una tarea para casa consistente en realizar un autorregistro durante esta semana siguiendo el modelo ABC (véase el Anexo 5). Se pedirá que registren, al menos, tres situaciones que le provoquen malestar, identificando el pensamiento que tenían en ese momento, fijándose y anotando, especialmente, los sentimientos de culpabilidad que puedan tener a lo largo de la semana.

Materiales necesarios

- Autorregistro de la tarea para casa de la sesión anterior cumplimentado (Anexo 3).
- Presentación Power Point.
- Ordenador.
- Proyector.
- Folios.
- Bolígrafos.

- Ejercicio sobre los propios pensamientos disfuncionales (Anexo 4).
- Autorregistro ABC (Anexo 5).

Sesión 5. *¿Hemos tomado la decisión correcta? ¿Realmente somos culpables?*

Objetivo de la sesión

Aprender a identificar y cambiar los pensamientos disfuncionales de los familiares en torno a la institucionalización y disminuir los sentimientos de culpabilidad.

Contenidos

1. Puesta en común de la actividad para casa.
2. Reflexión grupal para modificar esos pensamientos y ver cómo cambia la emoción.
3. Dinámica: cualidades personales. Reflexión sobre si se corresponden con sus pensamientos respecto a sí mismos por la decisión de institucionalización.
4. Dinámica: consecuencias a largo plazo de permanecer en el domicilio y consecuencias de la institucionalización.
5. Reflexión y puesta en común.
6. Psicoeducación.
7. Feedback y tarea para casa.

Procedimiento

En primer lugar, se pondrá en común la actividad propuesta para casa (Anexo 5 cumplimentado), las dificultades que han podido surgir, qué les ha parecido, etc. Para ello, se emplearán 10 minutos.

Después, en los siguientes 30 minutos, se reflexionará de manera grupal cómo podrían cambiarse esos pensamientos por otros más realistas y funcionales y se observará cómo cambia la emoción, a través de la técnica de las 5 columnas.

Posteriormente, se realizará una dinámica, con la finalidad de obtener una imagen de sí mismos más realista y disminuir los sentimientos de culpabilidad relacionados con la institucionalización que llevan a establecer una visión de sí mismos distorsionada.

Así, se explicará que nuestra forma de pensar no solo condiciona cómo nos sentimos, sino que incluso afecta a la imagen que tenemos sobre nosotros mismos. Es decir, podemos llegar a pensar que somos malos hijos/ hermanos/ pareja… y que somos egoístas, basándonos únicamente en la decisión de institucionalización, lo cual generará significativos sentimientos de culpabilidad. Pero… ¿Realmente esto es así? ¿Realmente somos malos hijos/ hermanos/ pareja…? ¿Somos egoístas? ¿En qué nos basamos?

Se invitará a hacer una reflexión sobre las cualidades positivas a lo largo de su vida, sobre los diferentes roles desempeñados. Para ello, se pedirá que anoten en un papel las cualidades de cada persona respecto a todos los aspectos de su vida, sin centrarse en estos últimos meses (si consideran que han sido buenos hijos, trabajadores, buenas personas, buenos padres, amables, educados, etc., es decir, las cualidades que destacan de ellos mismos durante sus diferentes etapas vitales) (véase el Anexo 6). Tras esto, se pedirá que reflexionen sobre si esas cualidades se corresponden con los pensamientos que tienen en este momento sobre sí mismos basados en la decisión de institucionalización. En este momento, se reforzarán las fortalezas de los cuidadores. Para ello se dedicarán 20 minutos.

En otros 10 minutos, se realizará otra dinámica, consistente en la reflexión individual de las consecuencias que tendría a largo plazo la decisión de permanecer en el domicilio frente a la institucionalización y cuál de ellas aportaría mayor beneficio a los familiares. Es decir, las repercusiones que tendría para sus propias vidas la decisión de permanecer con el cuidado en el domicilio frente a aquellas que se producirán con la institucionalización, comparando cuál de ellas sería más positiva a largo plazo para el bienestar del cuidador familiar y también cómo influiría esto en el familiar, en el propio cuidado. Se pedirá que lo anoten en un papel (véase el Anexo 7).

Así, seguidamente, se pondrán en común las conclusiones obtenidas por cada persona y se llevará a cabo, en este caso, una reflexión grupal durante los siguientes 25 minutos.

Tras escuchar las conclusiones del grupo, se hará una breve psicoeducación de unos 15 minutos, en los que, a través de la proyección de un Power Point se analizará la evolución de la demencia (del deterioro), la necesidad creciente de cuidados (por la afectación en diferentes áreas y funciones cognitivas, pérdida de autonomía del paciente) y las consecuencias para el cuidador familiar (mayor sobrecarga, afectación a su vida personal y social, repercusiones negativas en el estado de salud y bienestar emocional, etc.). También se explicará que estas consecuencias en el cuidador conllevarían una disminución en la calidad de los cuidados ofrecidos, y, por tanto, terminaría afectando también a su familiar.

De esta manera, se ayudará a reforzar la idea de que, aunque es una decisión complicada, la institucionalización se hace necesaria en ocasiones. Además, se recordará que la institucionalización únicamente cambia la manera de ejercer los cuidados, no supone el fin del cuidado completo.

Finalmente, en los últimos 10 minutos se pedirá feedback de la sesión, así como seguir completando el autorregistro durante esta semana, esta vez añadiendo un pensamiento alternativo (véase el Anexo 8).

Materiales necesarios

- Autorregistro completo (tarea para casa realizada) (Anexo 5).

- Presentación Power Point.
- Ordenador.
- Proyector.
- Folios.
- Bolígrafos.
- Hoja para realizar el ejercicio sobre las propias cualidades (Anexo 6).
- Hoja para realizar el ejercicio sobre permanecer en el propio domicilio (Anexo 7).
- Autorregistro nuevo (tarea para casa a realizar; expuesto en el Anexo 8).

Sesión 6. *La mejor forma de comunicarnos*

Objetivo de la sesión

Fomentar la asertividad.

Contenidos

1. Reflexión y puesta en común de la actividad para casa.
2. Presentación de la sesión.
3. Psicoeducación sobre los estilos de comunicación.
4. Role- playing sobre la asertividad.
5. Explicación de la tarea para casa y obtención de *feedback*.

Procedimiento

Durante los primeros 15 minutos se pondrá en común la puesta en práctica de la actividad realizada en casa, consistente en registrar los pensamientos disfuncionales surgidos a lo largo de la semana y cambiarlos por otros pensamientos más realistas y funcionales (véase el anexo 8 cumplimentado).

En los 5 minutos siguientes se presentará la sesión.

Después, se hará psicoeducación a través de la proyección de un Power Point sobre los tres estilos de comunicación (pasivo, agresivo y asertivo), explicando que nuestra forma de comunicarnos e interaccionar con los demás puede estar influenciada por nuestras emociones o el contexto o situación en la que nos encontramos. Por ello, tomando consciencia, podemos modificar nuestra forma de comunicarnos de manera que resulte más correcta y adaptativa. Además, se verán diferentes ejemplos sobre cada estilo. Se pedirá que reflexionen sobre cuál de ellos es el más adecuado para conseguir nuestros objetivos y encontrarnos mejor a nivel emocional, así como para mantener una buena relación con los demás y facilitar su propio bienestar; esto es, cómo creemos que se pueden sentir los demás con cada tipo de estilo de comunicación y cuál de ellos, en definitiva, resulta más beneficioso. Esto tendrá lugar en 30 minutos, aproximadamente.

Seguidamente, para poner en práctica lo explicado, se hará *role-playing*. Esta actividad se realiza con la finalidad de mejorar la comunicación de los familiares con los profesionales, con otros familiares y con los conocidos que no entienden la decisión de institucionalización y la juzgan. Por ello, se pondrán ejemplos relacionados con estas situaciones para poner en práctica esta habilidad comunicativa. Así, se pedirá que participen, por parejas, todos los familiares brevemente. De esta manera, un miembro interpretará el papel de profesional de residencia y otro de familiar que quiere expresar una necesidad o disconformidad. Para ello, se empleará un estilo asertivo. Después, se cambiarán los papeles. Esta vez se interpretará el rol de persona que juzga la decisión de institucionalización en lugar de profesional de residencia. De la misma manera, la persona que interpreta el rol de familiar tendrá que dar respuesta a la persona que juzga de manera asertiva.

Se recalcará que con el estilo de comunicación asertivo vamos a lograr transmitir nuestra posición respecto al tema que tratamos de manera clara y firme. Para ello, es importante seguir unas pautas:

1. Describir la situación: se trata de exponer cuál ha sido la situación que nos ha hecho sentir malestar para que la otra persona pueda saber exactamente a qué nos referimos. *Por ejemplo: "cuando veo que mi padre se pasa varios días sin afeitar, a pesar de haberos comentado que siempre le ha gustado afeitarse frecuentemente…".*

2. Empatizar con la otra persona, mostrándole que puedes comprender su posición para que no sienta que está siendo juzgado/a. *Por ejemplo: "…entiendo que hay más personas viviendo en la residencia y que tenéis mucho trabajo…".*

3. Expresar cómo te hace sentir esa situación. Para esto, es importante recurrir a los "mensajes yo", transmitiendo las emociones en primera persona, en vez de hacerlo recriminándole a la otra persona ("mensajes tú"). *Por ejemplo: "…pero me siento triste por no mantener sus preferencias…".*

4. Proponer alternativas y expresar tus necesidades. *Por ejemplo: "…por esto, te agradecería que busquemos una solución para que pueda seguir como siempre le ha gustado sin entorpecer demasiado la rutina de trabajo en el centro. ¿Qué te parece establecer el afeitado tres veces a la semana?".*

Tras interpretar los papeles, se pedirá que realicen una breve reflexión sobre cómo ha influido este estilo de comunicación en el diálogo y las respuestas obtenidas por parte de la otra persona. Se pedirá, además, que lo comparen con situaciones en las que han utilizado un estilo más agresivo o pasivo y con cuál de ellos han obtenido mayor beneficio, y, en definitiva, se han sentido mejor posteriormente. Para ello, se empleará una hora de la sesión.

Finalmente, se propondrá que sigan poniendo en práctica la habilidad durante su día a día (véase el Anexo 9) y se pedirá *feed-*

back sobre la sesión. Esto se llevará a cabo durante los 10 últimos minutos.

Por otro lado, se pedirá que para la próxima sesión traigan ropa cómoda.

Materiales necesarios

- Autorregistro completo (tarea para casa realizada) (Anexo 8).
- Power Point.
- Ordenador.
- Proyector.
- Autorregistro para realizar la tarea para casa de esta sesión (Anexo 9).

Sesión 7. *Aprendamos a relajarnos*

Objetivo de la sesión

Dotar de estrategias de manejo del estrés y técnicas de relajación.

Contenidos

1. Reflexión y puesta en común de la actividad para casa.
2. Presentación de la sesión.
3. Psicoeducación sobre la ansiedad y cómo identificarla.
4. Explicación sobre las diferentes técnicas.
5. Puesta en práctica de técnicas de relajación.
6. Feedback de la sesión y tarea para casa.

Procedimiento

En primer lugar, se pondrá en común la actividad para casa, consistente en poner en práctica la comunicación asertiva durante la semana (Anexo 9 cumplimentado). Para ello, se emplearán 15 minutos.

Después, como en cada sesión, se dedicarán 5 minutos a explicar la misma.

Tras esto, en los siguientes 20 minutos se explicará qué es la ansiedad, las consecuencias que tiene en nuestra salud, así como la importancia de aprender a identificarla para ayudar a reducirla.

De la misma manera, se hará una breve psicoeducación sobre las diferentes técnicas de relajación, como la respiración diafragmática, la técnica de STOP, la relajación muscular progresiva de Jacobson y Mindfulness.

La respiración diafragmática tiene la finalidad de concentrarse en respirar de forma lenta y profunda, consistente en inspirar lentamente por la nariz y luego espirar por la boca utilizando el diafragma y los músculos abdominales. Esto ayuda a aumentar la cantidad de oxígeno en la sangre, disminuye la presión arterial y la frecuencia cardíaca y reduce la tensión muscular.

La técnica de STOP o "parada de pensamiento" consiste en detener los pensamientos negativos, que nos generan malestar emocional para sustituirlos por otros más adaptativos. Para ello, se aplican cuatro pasos diferentes:

(1) En primer lugar, es necesario detener la actividad que se realiza cuando surge la ansiedad y tomar distancia del pensamiento que la causa.

(2) Centrarse en la respiración, respirando profundo y de manera pausada, aguantar la respiración unos segundos y expirar lentamente.

(3) Fijarse en los pensamientos que están causando la ansiedad y evaluarlos. Si son disfuncionales, cambiarlos por uno más realista.

(4) Continuar con la actividad de manera calmada. Si se puede hacer algo con el pensamiento que causa ansiedad, definir un plan de acción, si no, aceptarlo.

La relajación muscular progresiva de Jacobson se basa en el reconocimiento de qué músculos están tensos e incidir sobre ellos de manera consciente para destensarlos. Así, de manera progresiva se van relajando los distintos grupos musculares. Se trata de conseguir relajar todos los grupos musculares a través de ejercicios de tensión- relajación, poniendo atención a las sensaciones corporales que se producen.

Por último, el Mindfulness consiste en prestar atención plenamente de manera consciente a la actividad/ situación del momento presente con interés, curiosidad y aceptación, con consciencia del aquí y ahora, dejando fluir los pensamientos sin poner resistencia ni juzgarlos, simplemente observando cómo vienen y se van.

Para ello se empleará una presentación de Power Point y ejemplos prácticos, lo cual tendrá lugar durante 30 minutos, aproximadamente.

Posteriormente, en los siguientes 40 minutos, se pondrán en práctica estas técnicas.

Finalmente, en los últimos 10 minutos de la sesión, se pedirá feedback, preguntando qué técnica les ha gustado más o creen más beneficiosa para ellos y se pedirá que la apliquen en casa, dedicando al menos 5 minutos al día para llevarla a cabo (véase el Anexo 10).

Materiales necesarios

- Autorregistro de la tarea para casa de la sesión anterior cumplimentado (Anexo 9).
- Power Point.
- Ordenador.
- Proyector.
- Ropa cómoda.
- Autorregistro para realizar la tarea para casa de esta sesión (Anexo 10).

Sesión 8. *¿Y ahora qué? No nos olvidemos del tiempo libre*

Objetivo de la sesión

Facilitar y apoyar la creación de nuevas identidades debido al cambio de roles.

Contenidos

1. Puesta en común de la actividad para casa.
2. Puesta en práctica de una técnica de relajación.
3. Presentación de la sesión.
4. Psicoeducación sobre las consecuencias prolongadas del cuidado en la salud y bienestar del cuidador y las reacciones emocionales que surgen en ellos tras la institucionalización.
5. Reflexión sobre su situación personal respecto a sus roles e identidades tras la situación de cuidado.
6. Reflexión individualizada sobre el ocio y tiempo libre personal.
7. Propuesta de actividades para fomentar el ocio.
8. Explicación de la tarea para casa y obtención de *feedback*.

Procedimiento

Los primeros 10 minutos de la sesión se emplearán para obtener feedback y poner en común la actividad para casa (Anexo 10 cumplimentado).

Tras ello, se dedicarán 5 minutos para aplicar la técnica de relajación consistente en la respiración diafragmática.

Después, tendrá lugar la presentación de la sesión durante los próximos 5 minutos.

Seguidamente, se hará una breve psicoeducación sobre las consecuencias prolongadas del cuidado (cambio de roles, falta de tiempo libre, etc.), que conllevan la institucionalización. Una situación prolongada de cuidado deriva en la ruptura de la rutina anterior del familiar, teniendo que adaptar su nueva situación al cuidado de la persona con demencia. Así, en muchas ocasiones, las responsabilidades cambian y el tiempo de ocio disminuye, por lo que se adquiere un nuevo rol de cuidador, que impide llevar a cabo muchas de las actividades previas.

Además, se explicarán brevemente las reacciones emocionales que surgen en los familiares tras la institucionalización (como la sensación de pérdida, la necesidad de crear nuevas identidades, etc.). Es decir, la institucionalización supone, frecuentemente, una sensación de vacío puesto que se produce un cambio radical en las rutinas del cuidador, pasando de dedicar la mayor parte de su día al cuidado del familiar a una falta de responsabilidades y actividades rutinarias programadas que conllevarán una necesidad de readaptar las funciones, roles e identidades del familiar, resultando fundamental elaborar una nueva rutina.

Para ello, se proyectará un Power Point con esta información durante aproximadamente 20 minutos.

Tras esto, se pedirá que cada familiar reflexione sobre su propia situación de manera individual. Se pedirá que durante unos 25 minutos piensen y anoten en un papel (véase el Anexo 11) los roles que han desempeñado durante su edad adulta, en el momento anterior al cuidado, durante el mismo y ahora, tras la institucionalización. Así mismo, es importante que tengan en cuenta si dejaron voluntariamente alguno de esos roles (como, por ejemplo, el de trabajador/a) para emplear más tiempo al cuidado. Además, se pedirá que puntúen el peso que cada uno de ellos tenía en su vida en cada momento (del 1 al 100). Se solicitará que reflexionen qué les gustaría cambiar, qué tiene más importancia para ellos y cuál de los roles desempeñados les produce mayor satisfacción y bienestar.

Posteriormente, de la misma manera que en la actividad anterior, se pedirá que cada persona reflexione sobre su propia situación de manera individual. Durante unos 15 minutos deben pensar y anotar en un papel (véase el Anexo 12) las actividades que realizaban antes del cuidado relacionadas con el ocio y tiempo libre que han dejado de lado y las actividades que realizan ahora, tras la institucionalización. Además, se dejarán 10 minutos para que piensen cuáles les gustaría retomar y qué cambiarían. Se trata de hacer una especie de "lista de actividades agradables" para ellos.

En los siguientes 20 minutos, se pedirá que pongan en común las reflexiones sobre las actividades que mayor bienestar y satisfacción producen a cada persona, proponiendo rellenar la lista con las propuestas de los demás que les resulten interesantes a nivel personal y que no se les hayan ocurrido anteriormente. También se hará una puesta en común de diferentes actividades relacionadas con el ocio y autocuidado dentro de la vida de la residencia, realizando propuestas que pueden llevarse a cabo posteriormente, a lo largo de la estancia en el centro residencial.

Por último, se explicará la propuesta de actividad para casa (véase el Anexo 13), consistente en hacer al menos una de las actividades de la lista durante la semana y se tratará de obtener feedback de la sesión. Para ello, se emplearán los últimos 10 minutos.

Materiales necesarios

- Autorregistro de la tarea para casa de la sesión anterior cumplimentado (Anexo 10).
- Power Point.
- Proyector.
- Ordenador.
- Folios.
- Bolígrafos.
- Hoja para realizar el ejercicio sobre los propios roles (Anexo 11).

- Hoja para realizar el ejercicio sobre las actividades de ocio y tiempo libre (Anexo 12).
- Autorregistro para poner en práctica la tarea para casa asignada en esta sesión (Anexo 13).

Sesión 9. *Tiempo de calidad*

Objetivo de la sesión

Facilitar la implicación de los cuidadores en el cuidado de sus familiares y el tiempo de calidad.

Contenidos

1. Puesta en común de la actividad para casa.
2. Presentación de la sesión.
3. Psicoeducación del rol de cuidador y los beneficios de la implicación en el cuidado después de la institucionalización, así como aprender a delegar.
4. Reflexión sobre la calidad del tiempo empleado a su familiar en situación de domicilio y de institucionalización.
5. Explicación sobre las actividades propuestas en la residencia.
6. Actividad conjunta.
7. Tarea para casa y obtención de *feedback*.

Procedimiento

Para comenzar, durante los primeros 15 minutos se pondrá en común la tarea para casa sobre la actividad que han decidido retomar y cómo se han sentido (Anexo 13 cumplimentado).

Seguidamente, en los 5 minutos siguientes tendrá lugar la presentación de la sesión.

Tras esto, se hará psicoeducación sobre el rol del cuidador y la implicación en el post cuidado, es decir, tras la institucionalización, así como sus beneficios tanto para la persona con demencia (ya que resulta una forma de mantenerse conectada con su entorno, aumenta el bienestar físico y psicológico de la persona residente y ayuda en su orientación personal e identidad) como para la familia (reduciendo en principio los sentimientos de culpa, pérdida y sobrecarga). Asimismo, se explicará la importancia de aprender a pedir ayuda y delegar, las consecuencias positivas que conlleva, así como la importancia de pasar tiempo de calidad, más que la cantidad del mismo. Para ello, se proyectará un Power Point durante, aproximadamente,15 minutos.

Más tarde, se realizará una reflexión grupal sobre la calidad del tiempo empleado a su familiar en ambas situaciones, especialmente a largo plazo, tanto en la situación de cuidado en el domicilio como en la institucionalización, durante los siguientes 20 minutos.

En los próximos 10 minutos se explicará el procedimiento que sigue la residencia para fomentar y facilitar la implicación en el cuidado, así como el tiempo de calidad con los familiares, a través de la realización de cada una de estas actividades cada 15 días, siguiendo el modelo ACP.

Seguidamente, para poner en práctica lo explicado sobre el tiempo de calidad, se realizará una actividad conjunta con los familiares y las personas residentes en una sala más amplia. Así, durante 1 hora, aproximadamente, tendrá lugar un taller adaptado a los gustos y preferencias de las personas institucionalizadas, teniendo en cuenta las propuestas de los familiares en sesiones anteriores respecto a las posibles actividades para pasar tiempo de calidad con ellos, considerando también las capacidades cognitivas, físicas y funcionales de cada uno de ellos, con opción a diferentes actividades y propuestas alternativas en aquellos casos en los que la enfermedad está más avanzada y ya no hay capacidad manipulativa.

Por último, se pedirá que, como tarea para casa (véase el Anexo 14), reflexionen sobre lo que les ha aportado esta actividad y los beneficios que consideran que ha tenido, centrándose, así, en las consecuencias positivas del cuidado y de la institucionalización en relación con el tiempo de calidad que permite pasar con sus familiares.

También se pedirá feedback sobre la sesión en los últimos minutos.

Materiales necesarios

- Autorregistro de la tarea para casa de la sesión anterior cumplimentado (Anexo 13).
- Power Point.
- Ordenador.
- Proyector.
- Sala más amplia.
- Materiales necesarios para realizar las actividades propuestas.
- Autorregistro para realizar la tarea para casa asignada en esta sesión (Anexo 14).

Sesión 10. *Fin del programa, primeros pasos hacia un nuevo camino juntos*

Objetivo de la sesión

Cerrar el programa de intervención.

Contenidos

1. Breve puesta en común de la tarea para casa.
2. Presentación de la sesión.
3. Reflexión sobre los cambios percibidos durante la intervención y resumen de los constructos trabajados.

4. Dinámica: agradecimiento a las decisiones tomadas y la ayuda recibida en el cuidado.
5. Información sobre la continuidad de las intervenciones según el protocolo de la residencia.
6. Propuestas de mejora, implicación en el cuidado, ideas de intervención sobre sus necesidades, etc.
7. Encuesta de satisfacción.
8. Resolución de dudas y feedback general del programa.

Procedimiento

Para comenzar, durante los primeros 10 minutos, se pondrá en común la tarea para casa (Anexo 14 cumplimentado), consistente en reflexionar sobre los beneficios de la actividad conjunta realizada, así como el tiempo de calidad con los familiares que se puede obtener durante la institucionalización.

Tras esto, se dedicarán 5 minutos para explicar la sesión, consistente en cerrar el programa, pero continuar con la actividad diaria de la institución.

En los siguientes 25 minutos, se realizará un breve recordatorio de los contenidos trabajados y se pedirá que cada persona, de manera individual, reflexione sobre los cambios notados, así como lo aprendido a lo largo del programa. Se incidirá en la importancia de seguir poniendo en práctica lo aprendido en el día a día.

Tras esto, se llevará a cabo una dinámica consistente en escribirse una carta de agradecimiento y reconciliación a sí mismos por todas las decisiones tomadas, entre ellas, aprender a delegar, así como a los demás por la ayuda ofrecida, pensando en todo el proceso que han vivido desde el comienzo de la enfermedad (véase el Anexo 15). Esto tendrá lugar en 20 minutos, aproximadamente.

Seguidamente, se proporcionará la información sobre la continuidad de las intervenciones según el protocolo de la residencia. Así, se explicarán los grupos de apoyo (grupos de participación voluntaria, que tendrán lugar cada 15 días con una duración aproximada de 1 hora, abiertos a todos los familiares de las personas residentes) y se les animará a participar, así como la posibilidad de llevar a cabo intervenciones de apoyo psicológico individuales siempre que lo consideren necesario.

Por otro lado, se recordarán las actividades conjuntas propuestas (una de implicación en el cuidado y otra de ocio, que tendrán lugar cada 15 días). Para ello, se dedicarán 15 minutos y se proporcionará un folleto con toda esta información para tenerla siempre presente.

Durante los próximos 25 minutos, se pedirán propuestas de mejora, ideas de intervención sobre sus necesidades, así como actividades que les gustarían para fomentar la implicación en el cuidado y el tiempo de calidad con sus familiares.

Después, se realizará una encuesta de satisfacción sobre el programa (véase el Anexo 16). Esto tendrá lugar en 5 minutos, aproximadamente.

Para dar por finalizado el programa, se dedicarán los últimos 15 minutos a resolver las posibles dudas existentes y pedir feedback general sobre el mismo, así como el agradecimiento por su participación e implicación.

Materiales necesarios

- Autorregistro de la tarea para casa de la sesión anterior cumplimentado (Anexo 14).
- Folios.
- Bolígrafos.
- Folleto informativo.
- Hoja pera realizar el ejercicio de la carta de agradecimiento y reconciliación a uno mismo (Anexo 15).
- Encuesta de satisfacción (Anexo 16).

Sesión de seguimiento

Objetivo de la sesión

Evaluar la eficacia de la intervención 6 meses después de la finalización de la misma.

Contenidos

1. Breve repaso de los aspectos trabajados en las sesiones de intervención.
2. Puesta en común de experiencias.
3. Aclaración de posibles dudas.
4. Escucha de propuestas.
5. Obtención de *feedback*.

Procedimiento

En esta sesión, se hará un breve repaso sobre el programa de intervención llevado a cabo y se pedirá a los cuidadores que pongan en común las diferentes situaciones vividas hasta el momento en las que hayan aplicado alguna de las técnicas aprendidas (como la asertividad, la relajación, etc.).

Se hablará también de la experiencia que han tenido hasta el momento en el centro residencial. Para ello, se emplearán 20 minutos, aproximadamente.

Los últimos 10 minutos se utilizarán para aclarar dudas. También se animará a realizar propuestas, en caso de haberlas, y a compartirlas con el grupo.

Se pedirá *feedback* sobre esta sesión de seguimiento.

Y, por último, se agradecerá de nuevo la participación en el programa.

Materiales necesarios

– No se necesita ningún material específico en esta sesión.

III

Conclusiones

Como se ha visto a lo largo de este libro, la institucionalización de personas con demencia es un fenómeno muy común, llegando, incluso, a hacerse necesario. Sin embargo, se trata de un proceso complicado, tanto para la propia persona con demencia como para sus familiares, especialmente para el cuidador familiar principal, quien experimenta diversas reacciones emocionales derivadas de este proceso y tiene diferentes necesidades. Así pues, facilitar la adaptación ante la institucionalización se hace imprescindible para ambos.

No obstante, la mayor parte de las intervenciones dirigidas a facilitar el proceso de adaptación ante la institucionalización se centran en la propia persona mayor, dejando a un lado a su cuidador familiar. Por ello, la presente guía de intervención pretende contribuir a aumentar la producción científica sobre intervenciones dirigidas a facilitar la adaptación de los cuidadores familiares de personas con demencia ante el proceso de institucionalización de estas últimas, que actualmente sigue siendo escasa, pero imprescindible.

Con ella se espera facilitar este proceso de adaptación de los cuidadores ante la institucionalización de su familiar en un centro residencial, disminuyendo, así, su nivel de sobrecarga. Además, y como objetivos específicos, se pretende contribuir a disminuir/paliar los pensamientos disfuncionales de los familiares en torno a la institucionalización, incrementar el apoyo social, disminuir los niveles de sintomatología depresiva y ansiosa, promover la realización y agrado de actividades gratificantes y fomentar la asertividad.

El cumplimiento de todos estos objetivos se espera que contribuyese a fomentar una visión más realista y positiva de los centros residenciales, educar sobre la importancia de la red social y reforzar los vínculos sociales ya existentes, promover el apoyo social entre los familiares, disminuir los sentimientos de culpabilidad, dotar de estrategias de manejo de estrés y técnicas de relajación, facilitar y apoyar la creación de nuevas identidades y facilitar la implicación en el cuidado de sus familiares y el tiempo de calidad con ellos. Todos estos aspectos se corresponderían con los objetivos que persiguen cada una de las sesiones que han sido diseñadas en este programa o guía de intervención.

El programa propuesto se ha diseñado como un protocolo de actuación en la residencia, teniendo en cuenta las necesidades de los cuidadores familiares desde el primer momento en que se ponen en contacto con el centro residencial, y ofreciendo apoyo psicológico y social durante toda la estancia del residente, la persona con demencia, en la institución (a través de intervenciones individuales y de grupos de autoayuda).

La intervención se basa en los principios del modelo ACP (fomentando la implicación de los familiares en la vida de la residencia, adaptando el ambiente a sus necesidades, etc.), teniendo en cuenta, además, las aportaciones de diversos autores, como la de Groenvynck et al. (2021), sobre las fases por las que atraviesan los familiares en el proceso de adaptación (pretransición, fase media y postransición), procurando intervenir sobre todas ellas, así como la necesidad insatisfecha descrita por Kirby et al. (2022) sobre la falta de apoyo durante la creación de otras necesidades postcuidado, así como el fomento del apoyo social y las relaciones personales.

Otro de los principios básicos del programa propuesto es la promoción de un entorno comunicativo entre el familiar y los profesionales de la residencia, necesidad recogida por Han y cols. (2019). También se tienen en cuenta los factores que influyen en el hecho de que la decisión de institucionalización, en muchas ocasiones, se posponga, como la opinión del entorno y las creencias y pensamientos disfuncionales asociados a este proceso, tales como el familismo y la visión negativa de los centros residenciales (López, et al., 2012), y los sentimientos de culpabilidad asociados (Corey, et al., 2018).

En la propuesta se interviene sobre diversos factores (la visión de los centros residenciales, los vínculos sociales, los pensamientos disfuncionales relacionados con el cuidado, los sentimientos de culpa, las habilidades comunicativas, el nivel de ansiedad y la sintomatología depresiva, las identidades y los roles postcuidado e implicación en el cuidado), aunando las estrategias educativas, la puesta en práctica de los contenidos teóricos, la TCC y la ayuda mutua.

Algunos estudios como el de Hähnel, et al. (2022), ponen en evidencia que la TCC (terapia que tiene como finalidad identificar y cambiar los pensamientos disfuncionales o distorsiones cognitivas, así como desarrollar habilidades para hacer frente a situaciones desafiantes) resulta beneficiosa para reducir los síntomas depresivos de los cuidadores, así como el estrés y la ansiedad, además de la mejora en la calidad de vida y salud general.

En lo relacionado con la ayuda mutua, Vargas (2018) argumenta que este tipo de intervenciones son adecuadas para dotar de habilidades a los participantes, así como para aumentar el empoderamiento de la persona y la identidad social. Además, autores como Jiménez, et al. (2023), defienden que la participación de los familiares en programas de intervención con la finalidad de reducir los sentimientos de culpa y la inclusión en la toma de decisiones en el centro residencial son beneficiosos y necesarios.

Se espera que esta guía pueda resultar útil para los profesionales de las residencias que trabajan día a día con los pacientes con demencia y sus familias, y, por ende, que también pueda ser de ayuda a estos dos colectivos.

Los cuidadores familiares no dejan de ser cuidadores; no dejan de cuidar cuando su familiar ingresa en la residencia, únicamente cambia la forma en la que cuidan.

IV

Referencias bibliográficas

Bangerter, L. R., Liu, Y., & Zarit, S. H. (2019). Longitudinal trajectories of subjective care stressors: the role of personal, dyadic, and family resources. *Aging & mental health, 23*(2), 255-262. *https://doi.org/10.1080/13607863.2017.1402292*

Brooke, J., & Semlyen, J. (2019). Exploring the impact of dementia-friendly ward environments on the provision of care: A qualitative thematic analysis. *Dementia, 18*(2), 685-700. *https://doi.org/10.1177/1471301216689402*

Carretero, S., Garcés, J., Ródenas, F., y Sanjosé, V. (2009). The informal caregiver's burden of dependent people: Theory and empirical review. *Archives of Gerontology and Geriatrics, 49*, 74-79.

Chien, L.-Y., Chu, H., Guo, J.-L., Liao, Y.-M., Chang, L.-I., Chen, C.-H., y Chou, K.-R. (2011). Caregiver support groups in patients with dementia: A meta-analysis. *International Journal of Geriatric Psychiatry, 26*(10), 1089-1098. *https://doi.org/10.1002/gps.2660*

Collins, R. N., & Kishita, N. (2019). The effectiveness of mindfulness-and acceptance-based interventions for informal caregivers of people with dementia: A meta-analysis. *The Gerontologist, 59*(4), 363-379. *https://doi.org/10.1093/geront/gny024*

Consejería de Bienestar Social del Principado de Asturias. (2008). *La familia, contigo: El papel de los familiares en las residencias de personas mayores.* Consejería de Bienestar Social. Disponible en: *http://www.acpgerontologia.com/documentacion/lafamiliacontigo.pdf*

Corey, K. L., & McCurry, M. K. (2018). When caregiving ends: the experiences of former family caregivers of people with dementia. *The Gerontologist, 58*(2), 87-96. *https://doi.org/10.1093/geront/gnw205*

Fauth, E. B., y Gibbons, A. (2014). Which behavioral and psychological symptoms of dementia are the most problematic? Variability by prevalence, intensity, distress ratings, and associations with caregiver depressive symptoms: Variability in BPSD identified as most problematic. *International Journal of Geriatric Psychiatry, 29*(3), 263-271. *https://doi.org/10.1002/gps.4002*

Finkel, S., y Burns, A. (2000). Behavioral and psychological symptoms of dementia (BPSD): A clinical and research update introduction. *International Psychogeriatrics, 12*(S1), 9-12.

Flores, E., Rivas, E., & Seguel, F. (2012). Nivel de sobrecarga en el desempeño del rol del cuidador familiar de adulto mayor con dependencia severa. *Ciencia y enfermería, 18*(1), 29-41. *https://doi.org/10.4067/S0717-95532012000100004*

Groenvynck, L., de Boer, B., Hamers, J. P., van Achterberg, T., van Rossum, E., & Verbeek, H. (2021). Toward a partnership in the transition from home to a nursing home: the TRANSCIT model. *Journal of the American Medical Directors Association, 22*(2), 351-356. *https://doi.org/10.1016/j.jamda.2020.09.041*

Hähnel, F. S., Töpfer, N. F., & Wilz, G. (2022). Effects of nursing home placement on the mental health trajectories of family caregivers of people with dementia: findings from the Tele. TAnDem intervention study. *Aging & Mental Health, 27*(1), 101-109. *https://doi.org/10.1080/13607863.2021.2022598*

Han, S., Chi, NC, Han, C., Oliver, DP, Washington, K. & Demiris, G. (2019). Adapting the resilience framework for family caregivers of hospice patients with dementia, *Current Topics in Care, 34*(6), 399-411. *https://doi.org/10.1177/1533317519862095*

Hanssen, I., & Tran, P. T. M. (2019). The influence of individualistic and collectivistic morality on dementia care choices. *Nursing Ethics, 26*(7-8), 2047-2057. *https://doi.org/10.1177/0969733018791342*

Holton, E., Boyle, N. B., Simons, R., Warters, A., O'Philbin, L., Lawlor, B., Gibb, M., O'Sullivan, R., Pertl, M., Quaid, K., Forrest, R., & McHugh Power, J. (2023). Freedom and loneliness: dementia caregiver experiences of the nursing home transition. *Age and Ageing,* *52*(3). *https://doi.org/10.1093/ageing/afad033*

Huertas-Domingo, C., Losada-Baltar, A., Romero-Moreno, R., Gallego-Alberto, L., & Márquez-González, M. (2023). Sociocultural factors, guilt and depression in family caregivers of people with dementia. Kinship differences. *Aging & mental health,* 1–11. Advance online publication. *https://doi.org/10.1080/13607863.2023.2195821*

Instituto de Mayores y Servicios Sociales (IMSERSO). (2006). *Estudio e intervención sobre el malestar psicológico de los cuidadores de personas con demencia. El papel de los pensamientos disfuncionales.* Recuperado de *http://ibdigital.uib.es/greenstone/collect/portal_social/import/msan/msan0082.pdf*

Instituto de Mayores y Servicios Sociales (IMSERSO). (2007). *Modelo de atención a las personas con enfermedad de Alzheimer.* Recuperado de *http://www.imserso.es/InterPresent2/groups/imserso/documents/binario/21011alzheimer.pdf*

Instituto de Mayores y Servicios Sociales (IMSERSO). (2010). *Los tiempos de cuidado. El impacto de la dependencia de los mayores en la vida cotidiana de sus cuidadores.* Recuperado de *http://www.imserso.es/InterPresent1/groups/imserso/documents/binario/12011tiemposcuidado.pdf*

Instituto de Mayores y Servicios Sociales (IMSERSO). (2014). *Informe 2014. Las Personas Mayores en España. Datos Estadísticos Estatales y por Comunidades Autónomas.* Recuperado de *http://www.imserso.es/InterPresent1/groups/imserso/documents/binario/22029_info-2014pm.pdf*

Izal, M., Montorio, I., Márquez, M., Losada, A., y Pérez, G. (2003). *Informe final del proyecto Percepción de control y regulación emocional a lo largo del ciclo vital: Exploración de su papel en la vejez saludable.* UAM-IMSERSO: Documento no publicado.

Jiménez, S., Parra, M. C., Navarro, A. B., Muro, C., Meléndez, J. C. (2023). Culpa y bienestar en cuidadores familiares de personas mayores dependientes institucionalizadas. *Revista Española de Geriatría y Gerontología, 58*(2), 84-88. *https://doi.org/10.1016/j.regg.2023.02.001*

Kirby, E., Newton, G., Hofstätter, L., Judd-Lam, S., Strnadová, I. & Newman, C.E. (2022). (How) Will it end? A qualitative analysis of free-text survey data on informal care endings. *International Journal of Care and Caring*, *6*(4), 604-620.

Kiwi, M., Hydén, L. C., & Antelius, E. (2018). Deciding upon transition to residential care for persons living with dementia: Why do Iranian family caregivers living in Sweden cease caregiving at home?. *Journal of cross-cultural gerontology*, *33*(1), 21-42. *https://doi.org/10.1007/s10823-017-9337-1*

Larkin, M., & Milne, A. (2017). What do we know about older former carers? Key issues and themes. *Health & social care in the community*, *25*(4), 1396-1403. *https://doi.org/10.1111/hsc.12437*

Larkin, M., & Milne, A. (2021). Knowledge generation and former carers: reflections and ways forward. *Families, Relationships and Societies*, *10*(2), 287-302.

León Madrigal, M. (2014). Revisión de la escala de asertividad de Rathus adaptada por León y Vargas (2009). *Revista Reflexiones*, *93*(1), 157-171.

Leturia, F. (1999). El proceso de adaptación en centros residenciales para personas mayores. *Revista Española de Geriatría y Gerontología*, 105-112.

López, J., Losada, A., Romero-Moreno, R., Márquez-González, M., & Martínez-Martín, P. (2012). Factores asociados a la consideración de ingresar a un familiar con demencia en una residencia. *Neurología*, *27*(2), 83-89. *https://doi.org/10.1016/j.nrl.2011.04.003*

Losada, A., Márquez, M., Peñacoba, C., Gallagher, D., y Knight, B. G. (2007). Reflexiones en torno a la atención a los cuidadores informales de personas con demencia y propuesta de una intervención interdisciplinar. *Psicología Conductual, 15*(1), 57-76.

Losada, A., Márquez-González, M., Peñacoba, C., & Romero-Moreno, R. (2010). Development and validation of the Caregiver Guilt Questionnaire. *International Psychogeriatrics*, *22*(4), 650-660. *https://doi.org/10.1017/S1041610210000074*

Losada, A., Montorio, I., Izal, M., & Márquez, M. (2006). Estudio e intervención sobre el malestar psicológico de los cuidadores de personas con demencia. *El papel de los pensamientos disfuncionales. Madrid: Editorial IMSERSO.*

Luppa, M., Luck, T., Brähler, E., König, H. H., & Riedel-Heller, S. G. (2008). Prediction of institutionalisation in dementia. A systematic review. *Dementia and geriatric cognitive disorders, 26*(1), 65-78. *https://doi.org/10.1159/000144027*

MacPhillamy, D. J., & Lewinsohn, P. M. (1982). The pleasant events schedule: Studies on reliability, validity, and scale intercorrelation. *Journal of Consulting and Clinical Psychology, 50*(3), 363–380. *https://doi.org/10.1037/0022-006X.50.3.363*

Martín, M., Salvadó, I., Nadal, S., Miji, L. C., Rico, J. M., Lanz, P., & Taussig, M. I. (1996). Adaptación para nuestro medio de la escala de sobrecarga del cuidador (Caregiver Burden Interview) de Zarit. *Revista de gerontología, 6*(4), 338-345.

Martínez, T. (2013). La atención centrada en la persona. Enfoque y modelos para el buen trato a las personas mayores. *Sociedad y Utopía. Revista de Ciencias Sociales, 41*, 209-231.

Mateo, I., Millán, A., García, M. M., Gutiérrez, P., Gonzalo, E., y López, L. A. (2000). Cuidadores familiares de personas con enfermedad neurodegenerativa: perfil, aportaciones e impacto de cuidar. *Atención Primaria, 26*(3), 139-144.

Ministerio de Sanidad, Consumo y Bienestar Social. (2019*). Esperanzas de vida en España, 2017. https://www.mscbs.gob.es/estadEstudios/estadisticas/inforRecopilaciones/ESPERANZAS_DE_VIDA_2017.pdf*

Nathanson, A. & Rogers, M. (2020). When ambiguous loss becomes ambiguous grief: clinical work with bereaved dementia caregivers, *Health and Social Work, 45*(4), 268–275. *https://doi.org/10.1093/hsw/hlaa026*

Nay, R., Bauer, M., Fetherstonhaugh, D., Moyle, W., Tarzia, L., y McAuliffe, L. (2015). Social participation and family carers of people living with dementia in Australia. *Health & Social Care in the Community, 23*(5), 550-558. *https://doi.org/10.1111/hsc.12163*

Nogales-González, C., Losada, A., y Romero-Moreno, R. (2014). Confirmatory factor analysis of the Spanish version of the revised memory and behavior problems checklist. *International Psychogeriatrics, 27*(4), 683-692. *https://doi.org/10.1017/S1041610214002476*

Pascual, Á. M., & Santamaría, J. L. (2009). Proceso de duelo en familiares y cuidadores. *Revista Española de Geriatría y Gerontología, 44*(2), 48-54. *https://doi.org/10.1016/j.regg.2009.05.012*

Pothiban, L., Srirat, C., Wongpakaran, N., y Pankong, O. (2020). Quality of life and the associated factors among family caregivers of older people with dementia in *Thailand. Nursing & Health Sciences*, nhs.12746. *https://doi.org/10.1111/nhs.12746*

Radloff, L. S. (1977). The CES-D Scale: A self-report depression scale for research in the general population. *Applied Psychological Measurement, 1*(3), 385-401. *https://doi.org/10.1177/014662167700100306*

Reig, A., Ribera, D., y Miquel, J. (1991). Psychological support and daily stress in non-institutionalized elderly. *Psychological Assessment, 7*(2), 191-200.

Roth, D. L., Burgio, L. D., Gitlin, L. N., Gallagher-Thompson, D., Coon, D. W., Belle, S. H., Stevens, A. B., y Burns, R. (2003). Psychometric analysis of the revised memory and behavior problems checklist: Factor structure of occurrence and reaction ratings. *Psychology and Aging, 18*(4), 906-915. *https://doi.org/10.1037/0882-7974.18.4.906*

Saz, P., López-Antón, R., Dewey, M. E., Ventura, T., Martín, A., Marcos, G., De La Cámara, C., Quintanilla, M. A., Quetglas, B., Bel, M., Barrera, A., y Lobo, A. (2009). Prevalence and implications of psychopathological non-cognitive symptoms in dementia. *Acta Psychiatrica Scandinavica, 119*(2), 107-116. *https://doi.org/10.1111/j.1600-0447.2008.01280.x*

Simpson, G. M., Stansbury, K., Wilks, S. E., Pressley, T., Parker, M., y McDougall, G. J. (2017). Support groups for Alzheimer's caregivers: Creating our own space in uncertain times. *Social Work in Mental Health, 16*(3), 303-320. *https://doi.org/10.1080/15332985.2017.1395780*

Schulz, R., Beach, S. R., Czaja, S. J., Martire, L. M., y Monin, J. K. (2020). Family caregiving for older adults. *Annual Review of Psychology, 71*(1), 635-659. *https://doi.org/10.1146/annurev-psych-010419-050754*

Teri, L., Truax, P., Logsdon, R., Uomoto, J., Zarit, S., y Vitaliano, P. P. (1992). Assessment of behavioral problems in dementia: The Revised Memory and Behavior Problems Checklist. *Psychology and Aging, 7*(4), 622-631. *https://doi.org/10.1037/0882-7974.7.4.622*

Tomomitsu, M. R. S. V., Perracini, M. R., Neri, A. L., Tomomitsu, M. R. S. V., Perracini, M. R., y Neri, A. L. (2014). Factors associated with satisfaction with life among elderly caregivers and non-caregivers. *Ciência & Saúde Coletiva, 19*(8), 3429-3440. *https://doi.org/10.1590/1413-81232014198.13952013*

Vargas, E. (2018). Beneficios de los Grupos de Ayuda Mutua para avanzar en la promoción e intervención en los trastornos de ansiedad. *Clínica y Salud, 11*, 231-256.

Vázquez, F. L., Blanco, V., y López, M. (2007). An adaptation of the Center for Epidemiologic Studies Depression Scale for use in non-psychiatric Spanish populations. *Psychiatry Research, 149*(1-3), 247-252. *https://doi.org/10.1016/j.psychres.2006.03.004*

Viale, M., Palau, F. G., Cáceres, M., Pruvost, M., Miranda, A. L., y Rimoldi, M. F. (2016). Programas de intervención para el manejo del estrés de cuidadores de pacientes con demencia. *Neuropsicologia Latinoamericana, 8*(1), 35-41.

Wyatt-Brown, A. M. (2015). Review of Women in the middle: Their parent care years (2nd ed.). *Educational Gerontology, 41*(6), 467-469. *https://doi.org/10.1080/03601277.2014.954490*

Zarit, S. (2012). Positive aspects of caregiving: More than looking on the bright side. *Aging & Mental Health, 16*(6), 673-674. *https://doi.org/10.1080/13607863.2012.692768*

Zarit, S. H., Reever, K. E., y Bach-Peterson, J. (1980). Relatives of the impaired elderly: Correlates of feelings of burden. *The Gerontologist, 20*(6), 649-655. *https://doi.org/10.1093/geront/20.6.649*

1. Dinámica "bastón social"

Anota en el círculo central o interior el nombre de las amistades que consideras íntimas, es decir, personas importantes para ti. Y en el círculo exterior las personas "conocidas", aquellas con las que tienes relación, pero no tan cercana.

ANTES de que apareciese la enfermedad

DESPUÉS de que apareciese la enfermedad

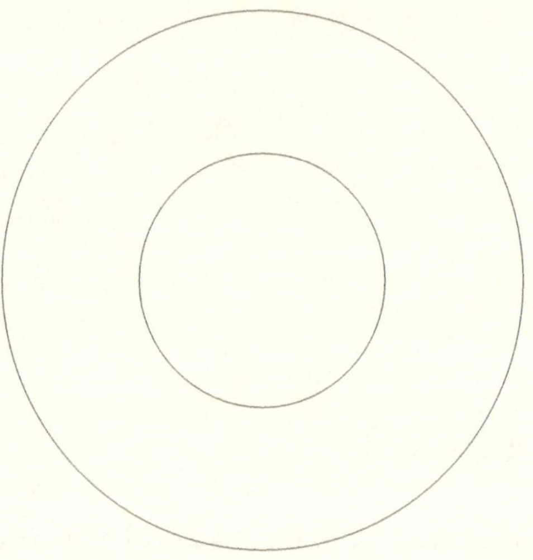

DESPUÉS de que apareciese la enfermedad

2. Cambios en mi red social

Tómate tu tiempo para reflexionar y anotar en este papel los motivos por los que crees que han tenido lugar esos cambios en tu red social (recuerda la dinámica "bastón social").

A continuación, piensa en cómo podrías, a lo largo de esta semana, conseguir un mayor acercamiento con alguna de las personas consideradas importantes para ti o incluso íntimas, y con las que se ha perdido la relación a causa de la nueva situación (por ejemplo, llamar un día por teléfono a esa persona, proponerle quedar para tomar un café, etc.). Planifica con todo detalle: ¿a quién?, ¿qué voy a hacer?, ¿cuándo lo voy a hacer?, ¿cómo lo voy a hacer? A lo largo de esta semana debes realizar, al menos, una de estas actividades para conseguir ese acercamiento.

3. Propuestas de comunicación con mi familiar, los profesionales y otros residentes

Anota en este papel todas las sugerencias/alternativas que se te ocurran para aumentar la comunicación y la relación con tu familiar, con los profesionales de la residencia, y con otros residentes de la misma.

Tus propuestas se tendrán en cuenta en las actividades que se realizarán al terminar el programa. Detállalo lo máximo posible.

4. Mis pensamientos disfuncionales más recurrentes

Piensa en cuáles son tus pensamientos disfuncionales más recurrentes en tu día a día, y anótalos a continuación.

Escoge uno de los pensamientos disfuncionales que has anotado y analízalo. Identifica y diferencia cuál es la situación en que se ha producido este pensamiento, cuál es el propio pensamiento y cuál es la emoción asociada al mismo que has sentido.

Pensamiento seleccionado:

Situación	Pensamiento	Emoción

5. Autorregistro modelo ABC

Día y hora	Situación Dónde estoy, qué está pasando…	Pensamiento ¿Qué está pasando por mi cabeza?	Emoción ¿Cómo me siento? ¿Qué sensaciones corporales tengo?

6. Mis propias cualidades

Reflexiona sobre cuáles son tus cualidades positivas. ¿Qué aspectos positivos te definen? ¿Qué cosas buenas tienes? Piensa también en cómo responderían a estas preguntas tus seres queridos, para ayudarte. Repasa cada una de tus etapas vitales (infancia, adolescencia, edad adulta, envejecimiento) y las diferentes esferas de tu vida (hijo/a, trabajo, padre/madre, amigos, etc.).

Intenta no centrarte en estos últimos meses para realizar este ejercicio.

Ahora, tómate unos minutos para pensar si esas cualidades que acabas de anotar se corresponden con los pensamientos que tienes ahora mismo, en el momento presente, sobre ti mismo/a, y basados en la decisión de institucionalización de tu familiar.

Puedes anotar lo que consideres.

7. ¿Cómo hubiera sido si nos hubiéramos quedado en casa?

Tómate unos minutos para imaginar, con la mayor objetividad posible, que tú y tu familiar seguís en el domicilio. No ha habido institucionalización. ¿Qué crees que ocurriría a largo plazo? Piensa tanto en ti mismo/a como en tu familiar y tus demás seres queridos. Piensa en todas las esferas: física, psicológica, emocional y social.

Por otro lado, piensa en esas consecuencias ahora bajo la condición de institucionalización.

¿Cuál ves más positiva a largo plazo para tu bienestar y para, por ende, el de tu familiar?

8. Autorregistro "Técnica de las 5 columnas"

Situación Dónde estoy, qué está pasando…	Pensamiento ¿Qué está pasando por mi cabeza?	Emoción ¿Cómo me siento? ¿Qué sensaciones corporales tengo?	Pensamiento alternativo ¿Cómo podría cambiar mi pensamiento por otro más realista y funcional?	Nueva emoción experimentada Ante este nuevo pensamiento, ¿qué o cómo me siento ahora?

9. Practicando mi asertividad

Situación ¿Qué ocurrió? ¿quién/es estaba/n presentes?	Estilo asertivo ¿Qué dijiste? ¿cómo lo dijiste? ¿cómo te sentiste? ¿cómo crees que se sintió la otra persona?	Dificultades encontradas

10. Practicando mi relajación

Técnica practicada:

____

____

Día, hora y lugar	Tiempo de práctica	Nivel de estrés antes	Nivel de estrés después	Dificultades encontradas

11. Mis propios roles

¿Cuáles han sido tus roles antes de la situación de cuidado? Puntúa el peso que tenía en tu vida cada uno de ellos del 1 al 100.

¿Cuáles han sido tus roles en la situación de cuidado? Puntúa el peso que tenía en tu vida cada uno de ellos del 1 al 100. ¿Dejaste alguno de tus roles de manera voluntaria para dedicarte más al cuidado?

¿Cuáles han sido tus roles tras la institucionalización? Puntúa el peso que tiene cada uno de ellos en tu vida del 1 al 100.

¿Te gustaría cambiar algo? ¿Qué rol es más importante para ti? ¿Qué rol te produce mayor satisfacción y bienestar?

12. Mis actividades de ocio y tiempo libre

ANTES del cuidado, ¿cuáles eran las actividades de ocio y tiempo libre que realizabas?

¿Dejaste de realizar alguna por la situación de cuidado? ¿Cuál o cuáles?

¿Cuáles son las actividades de ocio y tiempo libre que realizas AHORA, tras la institucionalización?

____

____

____

____

____

____

____

¿Qué actividad te gustaría retomar? ¿Qué cambiarás para poder hacerlo? Piensa en esos cambios (intensidad, frecuencia, duración, forma de realizarlo) y haz una "lista de actividades agradables", anotando dichos cambios.

____

____

____

____

____

____

____

____

____

13. Poniendo en práctica cambios para realizar actividades de ocio y tiempo libre

Durante la próxima semana, hasta la siguiente sesión, trata de realizar AL MENOS UNA de las actividades de ocio y tiempo libre que has anotado en "tu lista de actividades gratificantes".

Ayúdate del siguiente autorregistro semanal para señalar su cumplimiento (y qué actividad ha sido) o, en su defecto, los motivos por los que no lo has realizado.

Día 1	Día 2	Día 3	Día 4

Día 5	Día 6	Día 7

14. Reflexiones sobre la actividad conjunta con nuestros familiares

Anota en este papel tu opinión sobre la actividad que hemos llevado a cabo con los familiares. Reflexiona sobre qué te ha aportado, si ha habido beneficios para ti o para ambos. Anota cómo te has sentido.

15. Carta de agradecimiento y de reconciliación conmigo mismo/a

Utiliza este espacio para escribirte a ti mismo/a una carta de agradecimiento y reconciliación por todas las decisiones que has tomado, entre ellas, aprender a delegar, etc., así como a los demás por la ayuda ofrecida. Piensa en todo el proceso que has vivido desde el comienzo de la enfermedad de tu familiar.

16. Encuesta de satisfacción

A continuación, se muestran una serie de afirmaciones para valorar la satisfacción con el programa. Por favor, indica el grado de acuerdo con cada una de ellas.

	En desacuerdo	Indiferente	De acuerdo
Se han explicado claramente las sesiones			
Las sesiones se ajustan a los objetivos y contenido previsto			
El contenido de las sesiones ha sido útil e interesante			
La duración de las sesiones ha sido adecuada			
Los recursos materiales y espaciales han sido adecuados			
Se han resuelto todas las dudas y preguntas que han surgido a lo largo de las sesiones			
El trato por parte del profesional ha sido adecuado			
La forma de impartir el programa por parte del profesional ha sido correcta			
El programa ha cumplido mis expectativas			
Recomendaría la participación en el programa a otras personas			

En general, ¿cuál ha sido el grado de satisfacción con el programa?	0	1	2	3	4	5	6	7	8	9	10

Utiliza este espacio para responder a las siguientes preguntas y realizar los comentarios y sugerencias que consideres:

¿Qué es lo que más te ha gustado del programa? ¿Y lo que menos? ¿Cambiarías algo? ¿Cómo consideras que podría mejorarse?

Agradecimientos

Las autoras agradecen a todos los cuidadores familiares con los que han trabajado, ya sean postcuidadores por institucionalización o no durante estos años.

Pero, especialmente, agradecen a aquellos cuyo familiar ha ingresado en una residencia. Ellos han motivado la realización de este libro. La necesidad de trabajar con ellos y de apoyarles en esta situación ha llevado a realizar desde la búsqueda bibliográfica inicial hasta el diseño de la presente guía de intervención con cada una de sus sesiones.

También agradecen a todas las personas, relacionadas con el ámbito de la Psicogerontología o no, que fueron un apoyo durante este proceso.

Resaltar, de nuevo, la frase que ha sido para las autoras el mantra a lo largo de la realización de este libro:

Los cuidadores familiares no dejan de ser cuidadores.

No dejan de cuidar cuando su familiar ingresa en la residencia,

únicamente cambia la forma en la que cuidan.